本书受中央高校基本科研业务费专项资金资助（项
以及华北电力大学“双一流”建设项目资助

电力民事诉讼问题研究

王 晓◎著

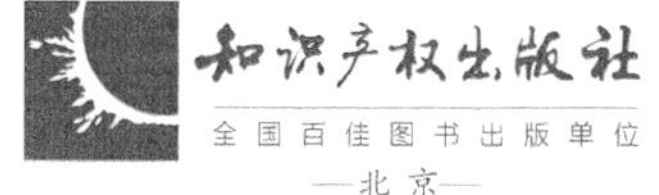

图书在版编目（CIP）数据

电力民事诉讼问题研究/王晓著．—北京：知识产权出版社，2023.4
ISBN 978-7-5130-8709-4

Ⅰ.①电…　Ⅱ.①王…　Ⅲ.①电力工业—工业企业—民事诉讼—研究—中国
Ⅳ.①D925.104

中国国家版本馆 CIP 数据核字（2023）第 054065 号

内容提要

本书立足民事诉讼的基础理论与制度，建构电力民事诉讼的理论框架和制度模型，系统分析和阐述了电力民事诉讼的基本理论、电力民事诉讼的管辖制度、电力民事诉讼的证据制度、电力民事诉讼的小额诉讼程序以及电力民事公益诉讼等理论及制度。

责任编辑：栾晓航　　**责任校对**：潘凤越
封面设计：邵建文　马倬麟　　**责任印制**：孙婷婷

电力民事诉讼问题研究
王晓　著

出版发行：知识产权出版社有限责任公司　网　址：http://www.ipph.cn
社　址：北京市海淀区气象路 50 号院　邮　编：100081
责编电话：010-82000860 转 8382　责编邮箱：luanxiaohang@cnipr.com
发行电话：010-82000860 转 8101/8102　发行传真：010-82000893/82005070/82000270
印　刷：北京九州迅驰传媒文化有限公司　经　销：新华书店、各大网上书店及相关专业书店
开　本：720mm×1000mm　1/16　印　张：10.5
版　次：2023 年 4 月第 1 版　印　次：2023 年 4 月第 1 次印刷
字　数：160 千字　定　价：68.00 元
ISBN 978-7-5130-8709-4

FOREWORD

前　言

当前，学界大多数是从实体法视角，开展电力立法、电力法律体系以及电力企业法律风险防控等方面的研究工作，并形成了一批较有影响力的研究著述和学术文章，但鲜有学者从程序法的视域研究电力纠纷问题。本书立足民事诉讼的基础理论与制度，建构电力民事诉讼的理论框架和制度模型，系统分析和阐述了电力民事诉讼的基本理论、管辖制度、证据制度、小额诉讼程序以及电力民事公益诉讼等理论及制度。本书不仅梳理总结了电力民事诉讼的重要理论、基本架构、重要制度，而且整理剖析了司法实践中较有影响力和典型性的电力合同纠纷、电力财产损害纠纷、电力人身损害赔偿纠纷以及电力相邻关系纠纷等案件，在研究过程中高度关注理论与实践的紧密结合，用理论指导实践，用实践创新理论，努力编撰一部理论性较强、实用性较高、具有实践可操作性的电力民事纠纷化解与防范的专业著作。

目前，为数不多的电力民事诉讼研究成果主要围绕以下三个方面的内容展开。一是电力民事纠纷宏观问题研究。例如，电力民事纠纷预防与化解机制研究以及依法治电问题研究。二是电力民事纠纷微观问题研究。例如，供用电合同纠纷的法律特征、纠纷类型和解决方式研究；又如，电力设施相邻关系中的法律问题研究；再如，结合电力计量、电力施工、人身伤害、环境污染、窃电等案例分析电力民事纠纷存在的主要法律问题。三是电力民事纠纷与其他实体法的关系研究。例如，侵权责任法中有关高压侵权责任的规定对电力民事纠纷的影响等。

国外学者也有关于电力民事纠纷方面的研究成果，例如，美国环境污染纠纷处理机制中有关电力企业与司法部门间和解协议的效力问题研究；又如，德国电力等能源民事合同纠纷解决机制研究；再如，日本电力市场规制理论研究等。此外，还有学者致力于解决能源污染纠纷的环境法院和仲裁庭研究。综上所述，相对于丰硕的电力纠纷实体法研究成果，对电力纠纷的程序法关注略显不足，不仅研究数量较少，而且理论基础也较为单薄，尚未形成系统性研究规模。但从实践来看，越来越多的电力企业受民事纠纷影响，日益关注电力民事诉讼问题，因此迫切需要此方面的系统研究成果。

本书希望实现四个方面的研究价值。一是深化电力民事诉讼的理论研究。电力民事诉讼本质上属于民事诉讼的范畴，但是在争议主体的范围、争议客体的限定、争议焦点的认定以及法律关系的厘清等方面又与其他民事纠纷有着较大区别。本书以“电力民事诉讼问题研究”为题，希冀能够通过厘清概念、梳正理论、建构体系，进一步丰富和拓展电力民事诉讼的基本逻辑结构和理论框架，为电力民事诉讼的深入研究打下一定的理论和制度基础。二是改变电力法律问题单向的研究现状。目前从立法、政策、制度构建、法律风险防范等法学角度研究电力问题的著述较多，但大多数囿于实体法的领域展开分析和研究，鲜有学者侧重程序法视角研究电力法律问题。本书力求突破目前单向的实体法研究维度，从程序法的视域探讨电力纠纷在民事诉讼中的基本问题，紧密结合电力实体法研究和分析电力诉讼相关理论和实务问题。三是推动电力民事纠纷理论与实践紧密结合。本书在充分阐述电力民事诉讼基本理论的基础上，融入大量的电力民事诉讼典型案例，用鲜活的素材和丰富的资料，建构电力民事纠纷的理论架构和实践模型，力图做到用理论指导实践，用实践发展理论。四是为电力企业提供可资参考的专业著述。本书探讨和研究了电力民事诉讼实务问题，并有针对性地提出了意见、建议，希望为电力企业防范、解决相关民事纠纷提供有效指导和参考。

目 录

第一章

电力民事诉讼的基本理论

第一节　电力民事诉讼法律关系

自1868年德国著名法学家比洛夫（Qskar Biilow）提出诉讼法律关系的概念以来，民事诉讼法律关系日渐成为民事诉讼法学者关注和研究的重要基础理论。目前，国内已经出版的各类民事诉讼法学教材，几乎毫无例外地将民事诉讼法律关系作为基本理论的专章进行编写，我国有关研究民事诉讼法律关系的学术著述也日渐增多，研究程度越来越深入❶。

现有的研究成果主要集中于民事诉讼法律关系一般理论研究，但本书侧重于电力民事诉讼相关理论的探讨。电力企业不仅数量众多，而且规模较大❷，与民生关系密切，较易牵涉各类民事纠纷之中。最高人民法院制

❶ 研究民事诉讼法律关系的代表性文章主要有，刘福泉：《民事诉讼法律关系的结构分析》，《求索》2011年第4期。王继凤：《民事诉讼法律关系再认识》，《人民论坛》2011年第5期。欧明生：《试论两大法系民事诉讼模式之分野：以民事诉讼法律关系为视角》，《广西社会科学》2010年第4期。刘秀明：《对民事诉讼法律关系实质和类型的思考》，《广西社会科学》2008年第10期。宋平：《民事诉讼法律关系解析与重构：以权力型与权利型为视角》，《山东社会科学》2007年第7期。梁絮雪：《民事诉讼法律关系之解构与重建》，《河北法学》2004年第4期。蔡彦敏：《对民事诉讼法律关系若干问题的再思考》，《政法论坛》2000年第2期。刘芝祥：《人民检察院与民事诉讼法律关系》，《政法论坛》1996年第5期。田平安：《民事诉讼法律关系论》，《现代法学》1994年第6期。

❷ 企查查数据显示，截至2020年年底，我国共有133. 76万家电力相关企业。参见“2020年31省发电量排行，谁最大?”，中国能源网 http://www. cnenergynews. cn/dianli/2021/01/05/detail_2021010587461. html，2022年12月14日最新访问。

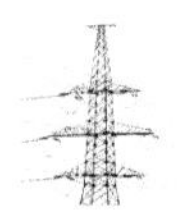

定的《民事案件案由规定》专门设置了“供用电合同纠纷”“触电人身损害责任纠纷”两项与电力企业关联密切的案由，以解决电力民事诉讼相关问题。电力民事诉讼的法律关系与一般民事纠纷法律关系相比，呈现出自身的鲜明特点，因此有必要从电力民事诉讼的角度深入考察该领域的诉讼法律关系问题，以为后文的理论及实务研究奠定坚实、可靠的基础。

民事诉讼法律关系指的是民事诉讼领域中的权利与义务关系，是我国民事诉讼法学中一项非常重要的基础理论问题。大陆法系学者对民事诉讼法律关系的学说予以了深入研究，并就各自的研究成果提出了观点不一的理论学说。较为公认的代表性学说主要有，德国学者科累尔（Kohler）的“一面关系说”、普兰克（Plank）的“两面关系说”、德国诉讼法学者瓦哈（Wach）等的“三面关系说”、苏联法学家克列曼首创的“多面系列关系说”、德国学者哥尔德斯米特（Goldschmidt）首创的“法律状态说”以及新诉讼法律关系说等。自民事诉讼法律关系学说产生至今，各种学说之间一直存在着争论，但是民事诉讼法律关系“三面关系说”渐为广大学者认可，并在各类民事诉讼法教材中占主流地位。

根据“三面关系说”理论，民事诉讼法律关系是指法院与原告、法院与被告、原告与被告之间产生的权利义务关系。在电力民事诉讼领域中，原告或被告的身份存在一定的特殊性，即在此种诉讼法律关系中，一方诉讼主体为电力公司。电力是经济发展的命脉，不仅关系着众多企业单位的正常运营，也关系着城乡千家万户的日常生活，既是现代社会重要的生产资料，又是人民群众不可或缺的生活资料。电力公司是关系到国计民生的公用事业型企业，对经济的协调发展、社会的正常运行以及人民群众的衣食住行都具有不同寻常的重要影响。因此，电力公司作为民事诉讼法律关系的一极，应当受到更多的关注和研究。

电力民事诉讼法律关系指的是在法院与电力公司、电力公司与原告、电力公司与被告，以及法院与其他当事人之间的权利义务关系。通过搜索无讼案例库[1]，检索到以电力公司为当事人的民事案件总计 77909 件，其中涉及检察院提出抗诉的民事监督案件共有 385 件，占比 0.49%。

在其他诉讼参与人方面，电力民事诉讼法律关系的主体出庭情况如下。

第一，电力民事诉讼中证人出庭作证情况。通过搜索无讼案例库，检索到以电力公司为当事人的民事案件总计 77909 件，申请证人出庭作证的案件一共有 11970 件，占比 15.36%。例如，在重庆鑫辉电力工程有限公司（以下简称鑫辉公司）与重庆市亚东建设工程集团有限公司建设工程施工合同纠纷案中，鑫辉公司在一审中申请证人陈某出庭就涉案土石方工程系采用机械凿打方式作证，但是因证人陈某当庭作证时出现部分证言明显与事实不符的情形，因此，其证言证明力较弱，在无其他证据予以佐证的情况下，一审法院未予采信[2]。

第二，电力民事诉讼申请鉴定人出庭情况。通过搜索无讼案例库，检索到以电力公司为当事人的民事案件总计 77909 件，申请鉴定人出庭的案件有 2725 件，占比 3.50%。例如，在国网山东省电力公司莘县供电公司（以下简称莘县供电公司）与沈某霞等财产损害赔偿纠纷案中，因对资产价格评估报告书有异议，莘县供电公司申请鉴定人出庭接受质询。鉴定人出庭接受质询后，法院认定评估公司的解释真实可信具有说服力，因此对评估公司评估报告书中的评估结论予以采信[3]。

第三，电力民事诉讼中申请专家辅助人出庭情况。通过搜索无讼案例库，检索到以电力公司为当事人的民事案件总计 77909 件，庭审过程中申请专家辅助人出庭的案件共有 22 件，占比 0.03%。例如，在乐山鑫达置业有限公司与国网四川省电力公司财产损害赔偿纠纷案中，“被告申请具备专业知识的张某春、朱某出庭就专门问题帮助被告诉讼”。从证据角度而言，专家辅助人的陈述视为当事人陈述。法院在判决书中指出，“对……两名专家

[1] 数据资料截止到 2022 年 3 月 10 日。

[2] 参见重庆市第四中级人民法院民事判决书（2021）渝 04 民终 1703 号。

[3] 参见山东省聊城市中级人民法院民事判决书（2021）鲁 15 民终 1173 号。

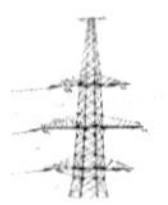

辅助人中涉及本案争议事实中的专门问题所做的陈述，本院予以采信”。[1]

第四，电力民事诉讼申请勘验人出庭情况。通过搜索无讼案例库，检索到以电力公司为当事人的民事案件总计 77909 件，涉及现场勘验的案件共有 4805 件，但申请勘验人出庭的案件仅有 31 件，占比 0.04%。在杨某满、李某银等与国网山东省电力公司金乡县供电公司、金乡县金思泉水务有限公司（以下简称思泉公司）等触电人身损害责任纠纷案中，金乡县公安局刑事科学技术室对致受害人李某电击死亡的王丕街道李林村窑坑进行了现场勘察并制作了现场勘验笔录。思泉公司对现场勘验笔录有异议，并以自己对勘验不清楚为由，申请勘验人出庭接受质询。法院认为思泉公司关于其对现场勘验不清楚，要求勘验人出庭接受质询的请求，理由不充分而不予准许[2]。

第五，电力民事诉讼申请翻译人员出庭情况。通过搜索无讼案例库，检索到以电力公司为当事人的民事案件总计 77909 件，其中申请翻译人出庭的仅有 2 件，占比 0.003%。这两件民事案件分别是：安盛天平财产保险股份有限公司与江苏亚东朗升国际物流有限公司海事海商纠纷案[3]，以及新疆生产建设兵团第三师电力有限责任公司与新疆生产建设兵团第三师红旗农场财产损害赔偿纠纷案[4]。

第二节　电力民事诉讼当事人

民事诉讼当事人一般包括原告、被告、第三人、共同诉讼人和诉讼代表人。本节主要探讨在电力民事诉讼法律关系中，作为核心主体的电力公

[1] 参见四川省成都市中级人民法院民事判决书（2016）川 01 民初 577 号。

[2] 参见山东省金乡县人民法院民事判决书（2019）鲁 0828 民初 286 号。

[3] 参见上海海事法院民事判决书（2017）沪 72 民初 1770 号。

[4] 参见新疆生产建设兵团第三师中级人民法院民事判决书（2015）兵三民终字第 00100 号。

司的基本诉讼地位情况。电力行业公司可分为两大类：第一类为电力公司；第二类为电力辅业公司。电力公司主营业务范围是发电、输电、变配电、售电和用电。主营发电的电力公司有中国华能集团有限公司、中国大唐集团有限公司、中国华电集团有限公司、中国国电集团有限公司和国家电力投资集团公司五大发电集团，以及国家开发投资集团有限公司、神华集团有限责任公司、华润（集团）有限公司和中广核集团有限公司“四小豪门”。主营输变配售电的电力公司有中国南方电网、国家电网、内蒙古电网三大电网。以国家电网为例，由总部的办公厅、运维检修部和基建部等 32 个部门，国网华北分部、国网华东分部和国网华中分部等 6 个分部，国网北京市电力公司、国网天津市电力公司和国网河北省电力公司等 27 个省公司，以及国网国际发展有限公司、鲁能集团有限公司和南瑞集团有限公司等 36 个直属单位等组成。电力辅业公司主营业务范围为设计、建设和设备。在电力设计建设方面，主要有中国电力建设集团有限公司、中国能源建设股份有限公司等企业。在电力设备方面，主要有许继集团有限公司、国电南瑞科技股份有限公司、特变电工股份有限公司、思源电气股份有限公司等公司。本书主要围绕电力公司涉及的民事法律关系及其法律实践问题展开说明和分析，意在就电力公司相关的民事诉讼理论与实践问题予以充分而翔实的论证与探究。

在无讼案例库中，以“电力公司”“民事”为关键词作为搜索项，可以检索到相关案件 7 万多件，其中有大量不符合研究要求的条目。为了能够精准地分析电力公司作为原告、被告和第三人等的案件基本情况及其相应的特征，特择取无讼案例库中北京市的相关案例作为样本。以“电力公司”“民事”“北京市”“一审”以及“2020”“2019”为关键词，在无讼案例库中进行搜索，检索到 435 件涉及电力公司的民事案件。经过数据整理，有 149 件案件的当事人不是电力公司，因此有效案件样本数量为 286 件。

一、电力公司作为原告

通过对上述获得的286件案件进行再次筛选，电力公司作为原告的案件有52件，占比18.18%。在52件电力公司作为原告的案件中，合同纠纷案件有37件，占比71.15%；劳动争议案件7件，占比13.46%；物权纠纷案件4件，占比7.69%；与票据有关的民事纠纷2件，占比3.85%；知识产权和侵权责任纠纷各1件。上述数据表明，电力民事合同纠纷案件在各类民事纠纷案件中占比最高。

根据全国法院司法统计公报的数据❶，2018年全国各级法院民事案件受案数为12449685件，其中合同类纠纷案件为7972100件，占比64.03%。2017年全国各级法院民事案件受案数为11373753件，其中合同类纠纷案件为7008397件，占比61.62%。上述数据表明，在各类民事纠纷中，合同类纠纷占据了大部分的比例，合同纠纷是当事人之间较为常见的纠纷类型。电力民事诉讼属于民事诉讼的一部分，合同类纠纷同样也是电力民事纠纷的重要组成部分。实践中，电力公司在签订合同时，需要严把关、细审核，确保防患于未然，尽量通过事前的合同审查等环节避免发生不必要的诉讼纠纷。

二、电力公司作为被告

通过对上述286件案件进行再次筛选，电力公司作为被告的案件共有232件，占比81.12%。相对于电力公司作为原告的52件民事案件而言，电力公司作为被告的民事纠纷数量明显较多。在232件电力公司作为被告的案件中，侵权责任纠纷有166件，占比71.55%；合同纠纷48件，占比

❶ 参见中华人民共和国最高人民法院公报：2018年全国法院司法统计公报，http://gongbao.court.gov.cn/Details/c70030ba6761ec165c3c2f0bd2a12b.html.

20.69%；劳动争议纠纷13件，占比5.60%；人格权纠纷4件，占比1.72%；物权纠纷1件，占比0.43%。通过数据分析可以得知，在众多的民事纠纷中电力公司涉及的侵权责任纠纷相对较多，需要引起电力公司的关注。

在民事诉讼中，只有原告提出了明确的被告，才能在双方当事人诉讼权利平等的基础上，查明事实，分清是非，明确责任，作出正确的裁判。《中华人民共和国民事诉讼法》（以下简称《民事诉讼法》）第一百二十二条规定了有关起诉的条件，界定了被告的范围，即"明确的被告"；但是何为"明确的被告"以及"明确"的标准，法律及其司法解释对此并未予以明确。司法实践中，因被告不明确而被法院裁定驳回起诉或者判决驳回诉讼请求等案例较多，在电力民事诉讼纠纷审理过程中也较为多见。

例如，2007年6月28日，王某因拆迁被安置在青岛市重庆南路某小区内，但一直未在此处居住。后来，王某发现家中电表被拆，遂起诉供电公司，但将被告"国网山东省电力公司青岛供电公司"写成了"国家电网山东省电力公司青岛供电公司"。青岛市市北区人民法院经审理认为，原告以"国家电网山东省电力公司青岛供电公司为被告起诉，主体有误，应予驳回"。王某遂提起上诉。青岛市中级人民法院审理认为，王某起诉"国家电网山东省电力公司青岛供电公司"，系名称错误，属于被告不明确的情形，因此裁定驳回上诉，维持原裁定❶。

《民事诉讼法》第一百二十二条规定起诉的条件之一为"有明确的被告"，是我国立法关于被告主体程序性审查的唯一条款。在长期的司法实践中，"明确的被告"被赋予了丰富、多层的内涵，包括"可识别的被告""可送达的被告""适格的被告"等❷。2015年制定的《最高人民法院关于

❶ 参见中国质量新闻网："国家电网不等于国网 两字之差市民起诉被驳回"，http://www.cqn.com.cn/ms/content/2017-06/05/content_4379374.htm.

❷ 例如，2003年《最高人民法院关于适用简易程序审理民事案件的若干规定》第八条第二项规定，原告不能提供被告准确的送达地址，人民法院经查证后仍不能确定被告送达地址的，可以被告不明确为由裁定驳回原告的起诉。在此，"明确的被告"是指法院查证后可送达的被告。

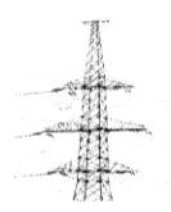

适用〈中华人民共和国民事诉讼法〉的解释》第二百零九条规定：“原告提供被告的姓名或者名称、住所等信息具体明确，足以使被告与他人相区别的，可以认定为有明确的被告。”该条规定首次对“明确的被告”作了限缩性解释，并将其含义限定在“可识别的被告”的层面，这一起诉条件的设定使得在立案过程中被告的明确性得以提高，有助于纠正以往在司法实践中可能出现的将“明确的被告”标准随意拔高的不当做法，在保障当事人诉权行使的层面上具有重要的进步意义❶。

立案登记制实施后，法院在立案时针对“明确的被告”仅作形式上的审查。在形式审查的情况下，当事人仅需列明谁是被告及其身份信息即可，这在司法实践中也会存在一定的问题。例如，法院的判例曾作出两种截然相反的裁判。一种认为明确性系特定性，即原告在起诉时可将被告特定并与其他人区别即可。即便被告是否是权利义务关系的主体不明，也符合起诉受理的条件，法院应当继续进行实体审理，待辩论终结后以判决方式裁决。另一种则认为明确性是适格性，即被告必须适于且必要于当前纠纷的解决。倘若被告并非权利义务关系的主体，便不具有明确性，不符合起诉受理的条件，自当以裁定方式驳回起诉，终结审理❷。“国家电网不等于国网，原告起诉被驳回”一案，则属于第二种情形，一审、二审法院均认为根据原告提供的信息，无法确定被告的具体身份，系信息错误，属于被告不适格。

在电力民事诉讼司法实践中，被告信息不明确的情形较为常见，但是法院做法不一，有的法院裁定驳回起诉或者判决驳回诉讼请求，还有的法院则继续审理。例如，在黑龙江北晟电气成套设备有限责任公司（以下简称北晟电气公司）与齐齐哈尔丰华电力安装有限公司买卖合同纠纷案件中，一审民事判决书指出，“诉讼中，原告黑龙江北晟电气公司因笔误变更被告为齐齐哈尔丰华电力安装有限公司”。从公开的判决书中，很难看

---

❶ 颜君：《“明确的被告”与被告主体审查制度构建》，《内蒙古大学学报（哲学社会科学版）》2016年第1期，第99页。

❷ 段文波：《论民事诉讼被告之“明确”》，《比较法研究》2020年第5期，第164页。

出原告笔误的具体原因，可能是将被告的名称写错了，或者将被告名称的某个字或者某几个字写成了谐音的其他字，抑或是被告的名称完全写错了，但是原告以笔误为由要求变更被告。一审法院同意原告变更被告的基本信息，继续就本案进行实体审理❶。在该案例中，原告笔误写错被告的信息的时间节点，应该不是在提交起诉状阶段，如果在该阶段，法院可能会裁定驳回起诉。因此，原告笔误被告基本信息的行为很可能发生在开庭审理阶段，法院因此认定被告的基本信息可以被明确，据此要求原告对庭审阶段的笔误予以变更，并续行实体审理。

又如，原告陈某因劳动争议起诉国网湖南省电力有限公司洪江市供电分公司、国网湖南省电力有限公司怀化供电分公司以及国网湖南省电力有限公司（以下简称国网湖南省电力公司）。法院审理后认为，陈某与国网湖南省电力有限公司洪江市供电分公司、国网湖南省电力有限公司怀化供电分公司两被告存在劳动合同关系，但是原告与国网湖南省电力公司不存在劳动合同关系。国网湖南省电力公司作为被告之一，系被告主体不适格，应予驳回❷。在本案例中，陈某不服劳动仲裁继而向法院提起诉讼，但是陈某在列明被告时，将国网湖南省电力有限公司洪江市供电分公司和怀化供电分公司的上级机构，即国网湖南省电力公司也列为被告，实际上该省级电力公司与陈某之间没有任何法律上的利害关系。因此，在案件审理中，国网湖南省电力公司就此作出抗辩，认为该公司不是本案适格被告，不应承担任何责任，并称陈某诉状内容没有事实和法律依据，该主张得到法院支持。在被告是否应当“明确”这一起诉条件上，法院采取了特定性这一观点，即原告起诉的被告可以与其他主体相区分，就认定为本案的当事人，至于是否是本案适格当事人则有待实体审理后再作出裁定或者判决。

再如，在原告王某与高某、国网河北省电力有限公司泊头市供电分公

---

❶ 参见齐齐哈尔市龙沙区人民法院民事判决书（2020）黑0202民初423号。

❷ 参见湖南省洪江市人民法院民事判决书（2018）湘1281民初1454号。

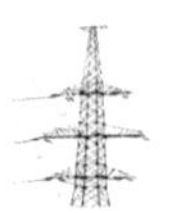

司以及国网河北省电力有限公司泊头市供电分公司四营供电所（以下简称四营供电所）等被告提供劳务者受害责任纠纷中，法院判决：被告高某雇用原告王某卸货过程中致使王某受到伤害，作为实际收益人，应承担相应的民事赔偿责任；国网河北省电力有限公司泊头市供电分公司作为高压线路的管理人和所有人，应承担10%的无过错责任。在本案中，原告除了起诉上述两个主体外，还将四营供电所列为共同被告。诉讼中，四营供电所辩称，该供电所系被告国网电力公司所属的分支机构，不应对外独立承担民事责任，原告起诉该供电所，系被告主体不适格❶。该案中，法院在收到原告的起诉状时，因被告四营供电所的基本信息是明确的，因此认定该案的被告存在特定性，可与其他主体相区分，并未采用适格性的标准。

在法院审理过程中，四营供电所提出抗辩其属于电力公司的分支机构，不属于法人或者其他组织的范畴，不应对外承担独立的民事责任。对于四营供电所的抗辩理由，法院部分并未予以采信或进行其他说明，只间接体现在判决主文部分。在一审判决书中，法院认定高某和国网河北省电力有限公司泊头市供电分公司等被告按份承担相应的民事责任，并未要求该四营供电所承担责任。由此可见，虽然判决书当中并未对四营供电所是否为适格的被告进行说明，但判决的结果说明法院采信了四营供电所的抗辩理由。

如前案所述，本案仍然采用“特定性”的标准对被告进行形式上的审查，但判决的缺陷在于对供电所的抗辩理由法院未予以说明和阐释。值得关注的是，实践中涉及电力公司的纠纷，有的原告会将电力公司下属的供电所作为共同被告起诉，虽然法院在对被告的明确性进行形式审查时，不会告知原告其起诉的被告不适格，但是经过实体审理后，通常会排除供电所的责任。原告应当了解供电所不属于法人和其他组织，不是民事诉讼中的主体，应谨慎起诉供电所。

❶ 参见泊头市人民法院民事判决书（2019）冀0981民初2652号。

三、电力公司作为第三人

第三人可分为有独立请求权第三人和无独立请求权第三人两种。前者因和本诉的原告、被告有利益冲突而以本诉原告、被告为参加之诉的被告，向审理本诉的法院起诉。有独立请求权第三人为参加之诉的原告，因此只能向受理本诉的法院起诉，但不能提管辖权异议。需要注意的是，有独立请求权第三人认为审理本诉的法院对参加之诉没有管辖权的，可以另行向其他法院起诉。有独立请求权第三人参加诉讼后，本诉原告申请撤诉的，法院在准许原告撤诉后，有独立请求权第三人则作为另案原告，原案原告、被告作为另案被告，诉讼另行进行。在特殊情况下，如果参加诉讼的有独立请求权第三人，协助一方当事人，反对另一方当事人，则应当认定为必要共同诉讼人。

无独立请求权第三人之所以参加诉讼，是因为与案件处理结果有法律上的利害关系，这种利害关系一般基于债权关系的产生。无独立请求权第三人通过申请或者法院通知的方式，参加到本诉之中，与有独立请求权第三人一样都是为了维护自身的利益，但一般会辅助原告或者被告。无独立请求权第三人的地位较为特殊，即无权申请撤销或者放弃、变更诉讼请求，也无权提出管辖权异议，但可以承认诉讼请求。根据无独立请求权第三人的诉讼权利不同，一般将无独立请求权第三人分为义务型无独立请求权第三人和辅助型无独立请求权第三人两种。两者的区别在于，义务型无独立请求权第三人可以提起上诉。

无论是有独立请求权第三人，还是无独立请求权第三人，都须在被告应诉时起，到法庭辩论终结前参加到本诉之中。实践中，电力公司作为第三人的案例较为鲜见，在上述收集的案例中，涉及电力公司作为第三人的案件仅有 2 件，分别是华能天成融资租赁有限公司与江苏爱康科技股份有限公司等融资租赁合同纠纷案件和王某与北京市房山区青龙湖镇口头村经济合作社等承包地征收补偿费用分配纠纷案件。

在原告华能天成融资租赁有限公司与被告江苏爱康科技股份有限公司、孝义市太子可再生能源科技有限公司、苏州中康电力开发有限公司等融资租赁合同纠纷案中，原告将国网山西省电力公司列为无独立请求权第三人，在法院公开的民事裁定书中显示，原告向法院提出申请，要求撤回对第三人国网山西省电力公司的起诉。法院经审查认为，“原告在本案审理期间提出撤回对第三人国网山西省电力公司起诉的请求，不违反法律规定，本院予以准许”。❶ 在第二件承包地征收补偿费用分配纠纷案件中，原告王某起诉北京市房山区青龙湖镇口头村经济合作社，将北京电力工程有限公司列为第三人。在诉讼中，第三人陈述意见称“公司作为施工单位并不负责该工程占地补偿款支付工作”，亦不清楚原告的诉请及其所涉内容❷。从本案的一审民事判决书内容来看，第三人北京电力工程有限公司是辅助型无独立请求权第三人。

四、电力公司作为共同诉讼人

在无讼案例库中，以“电力公司”“民事”“共同诉讼人”为检索关键词，搜索到相关案例 149 个；经过核对案例的基本信息，排除了自然人、非电力公司等法人和其他组织作为当事人的情形，发现仅有 2 个案例可以作为分析的样本。

共同诉讼人指的是一方或者双方当事人为二人及其以上，诉讼标的属于共同或者同一种类，法院认为可以合并审理并经当事人同意的，在法院一同进行诉讼的当事人。该种类型的诉讼，主要可以分为必要共同诉讼和普通共同诉讼，与之相对的是，可以将参加共同诉讼的当事人分为必要共同诉讼人和普通共同诉讼人。在司法实践中，作为共同诉讼人的电力公司，不仅要了解必要共同诉讼和普通共同诉讼在诉讼标的、诉讼权利、审

---

❶ 参见北京市第二中级人民法院民事裁定书（2020）京 02 民初 226 号之二。

❷ 参见北京市房山区人民法院民事判决书（2019）京 0111 民初 23814 号。

理方式等方面的差异，而且也要掌握必要共同诉讼和普通共同诉讼的基本案件类型或者具体案由。

必要共同诉讼的最基本特征是，双方当事人之间仅有一个诉讼标的，法院最终只能作出一个判决。在法院审理过程中，如果一个必要共同诉讼人实施某项行为，例如放弃诉讼请求且获得其他必要共同诉讼人承认的，则对所有人发生法律效力。这种情形可以称为必要共同诉讼人在诉讼中的“同进同退”。一般而言，必要共同诉讼可分为固有必要共同诉讼和类似必要共同诉讼两种。前者的基本特征是，如果原告只起诉部分主体的，则法院须追加其他主体为共同被告。例如，继承纠纷、赡养纠纷、共有财产权受到他人侵害等案件，尤其在一般保证中，如果债权人起诉保证人和债务人的，此时保证人和债务人作为必要共同诉讼人。后者的基本特征是，如果原告只起诉部分主体，法院不能追加其他主体；如果原告起诉了所有主体，此时所有的主体才能成为共同被告。例如，共同危险或共同侵权、连带保证，以及挂靠和借用等案件。

普通共同诉讼的基本特征是，双方当事人之间有多个同一种类的标的，法律事实之间还存在牵连。对于该类案件，法院可以分别审理，分别判决；也可以合并审理，分别判决。实践中，在电力公司作为共同诉讼人的案例中，现有的典型案件基本上都属于必要共同诉讼的情况。

例如，原告深圳市塔辉电器成套设备有限公司起诉李某达、天水金强电力工程有限责任公司（以下简称金强电力公司）等被告，要求上述被告归还借款300万元及其利息。2013年1月，李某达在交通银行兰州市西站支行申请开设了单位银行结算一般账户，开户名称为金强电力公司，开户申请书上有金强电力公司法定代表人王某岗身份证号及电话号码，开户证明文件有金强电力公司营业执照、税务登记证、开户许可证等，并加盖有金强电力公司字样的公章，同时开设了银行账户。2015年6月，李某达与原告协商合作施工，但因合作项目出现了问题，合作未成功，对原告涉案的300万元款项，李某达以金强电力公司名义给原告出具了借条❶。

法院审理后，依据2015年《最高人民法院关于适用〈中华人民共和国民事诉讼法〉的解释》）第六十五条“借用业务介绍信、合同专用章、盖章的空白合同书或者银行账户的，出借单位和借用人为共同诉讼人”的规定，判决金强电力公司对上述借款本息应承担连带清偿责任。本案中，李某达以金强电力公司的名义开设了单位基本账户，持有金强电力公司的公章，并在其对外借款协议上加盖有金强电力公司的公章。虽然金强电力公司没有实际使用涉案借款，但该借款的发生与该公司放任李某达开设该公司银行账户进行结算有直接的关系。因此，法院依据2015年《最高人民法院关于适用〈中华人民共和国民事诉讼法〉的解释》中有关“借用银行账户”的相关规定，认定金强电力公司与李某达成为必要共同诉讼关系，系类似必要共同诉讼人。

又如，2014年12月，被告贵州江河水利电力建设工程有限公司（以下简称江河水利电力公司）对瓮安县猴场镇2014年度农业综合开发高标准农田建设项目进行施工，后被告将该项目发包给被告郑某平，由郑某平实际出资，挂靠江河水利电力公司对该高标农田项目进行施工。在施工过程中，被告在原告瓮安县银桥砂石场处赊购石粉268车，共2041.4方，合计金额为111974.20元，双方签字并捺印，但未加盖公章❷。

法院审理后认为，根据2015年《最高人民法院关于适用〈中华人民共和国民事诉讼法〉的解释》第五十四条“以挂靠形式从事民事活动，当事人请求由挂靠人和被挂靠人依法承担民事责任的，该挂靠人和被挂靠人为共同诉讼人”的规定，被告江河水利电力公司及被告郑某平应对原告瓮安县银桥砂石场共同承担给付责任。该案中，被告郑某平挂靠在江河水利电力公司名下进行施工，属于必要共同诉讼中“挂靠”的情形。原告起诉了挂靠单位江河水利电力公司和挂靠人郑某平，根据必要共同诉讼理论，

---

❶ 参见甘肃省天水市中级人民法院民事判决书（2018）甘05民终200号。

❷ 参见贵州省瓮安县人民法院民事判决书（2019）黔2725民初948号。

本案属于类似必要共同诉讼案件，被告江河水利电力公司和郑某属于必要共同诉讼人。

再如，2017 年 2 月，原告仪陇县兴源水务有限公司位于仪陇县新政镇宏德大道二段万德商务中心 3 幢办公地发生火灾，造成办公场地全部过火，无法办公达 45 天。火灾发生后，仪陇县公安消防大队认定起火原因为电表短路引燃可燃物造成火灾蔓延，而电表短路的原因系仪陇县新政镇地中海假日酒店、仪陇县新政镇万德商务酒店、仪陇县新政镇凯旋宾馆超负荷用电引起。于是，原告起诉要求被告承担赔偿责任❶。本案属于共同侵权纠纷，在诉讼中，原告申请追加案涉房屋四楼房主和五楼房主为被告；被告仪陇县新政镇地中海假日酒店、仪陇县新政镇凯旋宾馆等申请追加国网四川省电力公司仪陇县分公司为共同被告；法院依职权追加了仪陇县新政镇万德商务酒店的实际经营者为被告。该案符合必要共同诉讼中固有必要共同诉讼的基本特征，即如果原告只起诉部分主体的，则法院须追加剩余主体为共同被告。

在诉讼过程中，本案原告起诉的主体、原被告追加的主体以及法院依职权追加的主体都是本案的必要共同诉讼人，其中包括国网四川省电力公司仪陇县分公司。但是，原告及代理人在法院要求的时间内，未提供部分被告的身份信息，法院也未能查询到上述人员的身份信息，导致法院无法通知上述人员参加诉讼。故本案有部分应当参加诉讼的被告因身份信息不明确，属于被告不明确的情形，未达到立法规定的起诉条件，最后法院依法驳回原告的起诉。

第三节　电力民事诉讼类型

电力民事诉讼作为民事诉讼的一种重要类型，可以按照不同的标准进

❶ 参见四川省仪陇县人民法院民事判决书（2019）川 1324 民初 160 号。

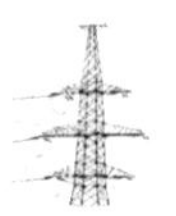

行分类。例如，可以根据民事案由的不同对涉及电力公司的民事纠纷予以分类研究。2020年12月14日，最高人民法院审判委员会第1821次会议通过了《最高人民法院关于修改〈民事案件案由规定〉的决定》（法〔2020〕346号）第二次修改。新修改后的《民事案件案由规定》已于2021年1月1日起正式施行，在该规定中，与电力公司直接相关的案由为供用电合同纠纷和触电人身损害责任纠纷。但在司法实践中，电力公司民事诉讼案件除了涉及上述两项案由外，还涉及其他类型的案由。

一、按照民事案由分类

按照民事案由分类，以无讼案例库为检索样本，以电力公司和民事案由为关键词进行检索，一共检索到78518件案件，删除重复的30件案件，获取的有效案件数量为78488件。运用网站的检索分析功能，电力民事诉讼的主要类型见表1-1。涉及电力公司的案件中，主要有合同、侵权、劳动争议、人事争议、物权纠纷、人格权纠纷等方面，其中合同、无因管理、不当得利类纠纷数量最多，占总件数的52.46%。在为数众多的合同、无因管理、不当得利纠纷中，大部分电力民事诉讼案件属于合同类纠纷。侵权责任类纠纷则主要涉及人身侵权和财产侵权，占总件数的13.49%。劳动争议、人事争议类案件，占总件数的12.70%。物权类纠纷相对较少，占总件数的9.82%。人格权类纠纷仅有3812件，占总件数的4.86%。

表1-1　电力民事诉讼的主要类型　　单位：件

案由	件数
合同、无因管理、不当得利纠纷	41178
侵权责任纠纷	10588
劳动争议、人事争议	9965
物权纠纷	7708
人格权纠纷	3812

续表

案由	件数
与公司、证券、保险、票据等有关的民事纠纷	1571
适用特殊程序案件案由	1385
民事其他	995
婚姻家庭、继承纠纷	719
知识产权与竞争纠纷	567

二、按照涉诉案件诉讼类型标准分类

按照电力公司涉诉案件诉讼类型分类标准，可将与电力公司相关的案件分为以下七类。

一是电网建设类纠纷。随着国民经济的快速发展，电网建设力度也在不断加大，与此同时，因为电网建设产生的法律纠纷也日益增多。例如，曾某某、文某娥等与云南文山电力股份有限公司富宁分公司相邻关系纠纷案。[1] 曾某某、文某娥等 5 名原告以现已建好的基铁塔严重影响了其房屋的采光和眺望权，妨碍顾客出入，导致房屋长期存在安全隐患且侵害其房屋的商业价值为由，向法院提起诉讼，要求停止对富宁县房屋门口电力铁塔的建设，将现在铁塔的位置上下迁移 2 米的距离，并恢复原状。法院审理后认为，涉案基铁塔及绝缘导线未侵害曾某某等 5 名原告所有的房屋，也未侵害原告所有房屋的眺望权和商业价值，判决驳回原告的诉讼请求。

二是供用电合同类纠纷。该种类型的纠纷是电力公司的主要纠纷形式，具体体现为电力公司向拖欠电费的用户追讨电费和违约金等。例如，国网北京市电力公司与北京新康房地产发展有限公司、北京东润明珠物业管理有限责任公司供用电合同纠纷案[2]，原告国网北京市电力公司起诉二

[1] 参见云南省富宁县人民法院民事判决书（2020）云 2628 民初 1258 号。

[2] 参见北京市大兴区人民法院民事判决书（2018）京 0115 民初 8185 号。

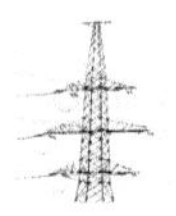

被告要求其承担电费本金和电费违约金，最终获得法院支持。

三是重大民商事合同类纠纷。在实践中，电力公司的买卖合同、建设工程施工合同、租赁合同和借款合同类案件数量较多，可将其纳入重大民商事合同案件范畴。例如，原告阮某媚与被告丁某平、杨某琼和宝兴县泽根电力有限公司（以下简称泽根电力公司）民间借贷纠纷案，案涉标的额达到 5480 万元。泽根电力公司是二被告民间借贷合同的担保人。法院审理后认为，原告阮某媚和被告丁某平、杨某琼二被告的借贷合同真实有效，作为担保人的泽根电力公司应当承担连带清偿责任❶。

四是触电人身损害赔偿类纠纷。触电人身损害赔偿案件作为传统的电力公司诉讼案件，一直以来处于高发态势，在案发数量及涉案金额方面均居电力公司诉讼案件的前列。例如，2019 年 10 月，受害人王某在位于南茂农场红色小学旁的槟榔园内采摘槟榔，其手持钩刀采摘槟榔时，钩刀触碰到被告海南电网有限公司保亭供电局架设的在槟榔园内槟榔树上端的高压线后倒地身亡，后经派出所民警及急救人员确认，受害人王某系触电死亡。王某的妻子、儿子和父母起诉海南电网有限公司保亭供电局，要求其承担死亡赔偿金、丧葬费、被抚养人生活费、精神损害抚慰金等费用共计 159 万元。结合受害人的过错，法院判决被告应对事故承担 40% 的赔偿责任❷。

五是一般人身损害赔偿类纠纷。电力公司常见的一般人身损害赔偿纠纷主要有五个类型，即物件致人损害赔偿案件、道路交通事故人身损害赔偿案件、受雇人在雇用活动中受害案件、地面施工致人损害案件和其他类型案件。例如，2019 年 9 月，被告湖南省君临电力建设有限公司（以下简称君临电力公司）对原告居住的珠晖区东风南路 18 号省电网运检修公司家属区进行安装变压器施工。受害人在经过施工路段时，不慎摔倒受伤，被送到医院救治，出院后不久去世。受害人家属起诉君临电力公司等被告

❶ 参见最高人民法院民事裁定书（2020）最高法民申 3416 号。

❷ 参见海南省保亭黎族苗族自治县人民法院民事判决书（2019）琼 9029 民初 840 号。

承担医疗费、护理费、住院伙食补助费、营养费等20多万元。法院审理后认为，根据各方当事人过错等因素，酌情确定由被告君临电力公司承担80%的赔偿责任，死者自负10%，该案另一被告即小区的物业管理单位湘诚物业衡阳分公司承担10%的赔偿责任❶。

六是电磁环境类纠纷。20世纪90年代以来，随着电网建设步伐的加快及公民环保维权意识的增强，工频电磁场对居民环境的影响日益受到公众的关注，电磁环境引发的民事纠纷日益增多。例如，任某因患病起诉国网湖南省电力有限公司浏阳市供电分公司、国网湖南省电力有限公司长沙供电分公司、国网湖南省电力有限公司，要求上述被告赔偿因长期遭受电磁辐射侵害造成严重身体伤害的医疗费等损失及后续治疗费用。法院审理后认为，任某提供的证据不足以证明国网湖南省电力有限公司浏阳市供电分公司、国网湖南省电力有限公司长沙供电分公司、国网湖南省电力有限公司架设的高压线违反了相关规定，现有证据也无法确定任某患病与高压线的架设之间存在必然的因果关系。因此，任某并未对侵权行为的基本构成要件尽到证明责任，应当承担不利的法律后果❷。

七是财产保险类纠纷。财产保险是国家电网公司重要的金融业务板块，是产业与金融业务结合的产物，也是近几年出现的一种新型纠纷。认识这类纠纷的本质，梳理总结解决此类纠纷的有益经验，对维护保险方、被保险方的合法权益，推动电力公司持续发展具有重要意义。例如，2019年12月，被告胡某千驾驶小型轿车因操作不当，碰撞路边房屋、电杆，造成车辆、房屋受损，电杆断倒2根，变压器损坏1台，架空线路受损的交通事故。经古蔺县公安局交通管理大队认定，被告胡某千承担事故的全部责任。该起事故给原告供电区域用电客户造成停电，原告启动紧急抢修方案，委托第三方泸州北辰电力有限责任公司古蔺分公司进行专业抢修，产生抢修工程费用48792.57元。小型轿车车主胡某千，在被告中国人民财产

❶ 参见湖南省衡阳市珠晖区人民法院民事判决书（2020）湘0405民初334号。

❷ 参见湖南省长沙市中级人民法院民事判决书（2019）湘01民终11521号。

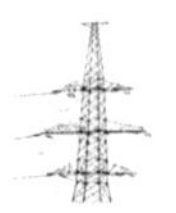

保险股份有限公司泸州市分公司（以下简称人保财险泸州公司）投保交强险、商业险、不计免赔等险种，保险金额为112.2万元，事故发生时在保险期内。法院审理后认为，电杆及架空线路、变压器属于原告的财产，依法受法律保护。依照法律规定，任何单位和个人侵犯他人物权，造成权利人损害的，权利人可以请求损害赔偿。本案被告胡某千在驾驶车辆过程中造成原告的财产损害依法应予赔偿。因被告胡某千在人保财险泸州公司投保，故被告胡某千承担的赔偿责任，应当由人保财险泸州公司在保险限额范围内承担❶。

三、按照涉诉案件行业标准分类

按照电力公司涉诉案件的行业分类标准，电力民事诉讼可以分为如下几类。一是电力建设类。例如，电力建设规划、立项、选址、环评、用地、土地征用与房屋征收、电力建设项目审核、招投标、施工，以及电力建设相邻关系纠纷处理等方面的纠纷。二是招标投标与合同管理类。例如，招标、投标、评标、定标、合同、异议和投诉、招标代理及居间等方面的纠纷。三是电力运维类。例如，电力调度运行、变电站运维、架空线路运维、配电设施运维、电缆运维及电力设施外力破坏等方面的纠纷。四是电力营销类。例如，业扩报装、供用电合同、电能计量、电费抄核收、变更用电、停限电、用户信息管理等方面的纠纷。五是人资管理类。例如，劳动争议、养老保险、工伤保险、加班工资、解除合同、经济补偿、职务行为等方面的纠纷。六是产业管理类。例如，综合能源服务、电网建设工程、信息通信、电力设备制造、后勤服务、水力发电、金融及国际发展等方面的纠纷。七是企业管理类。例如，人力资源管理、财力资源管理、物力资源管理、合同管理、知识产权管理、安全管理等方面的纠纷。

---

❶ 参见四川省古蔺县人民法院民事判决书（2020）川0525民初31号。

第二章

电力民事诉讼的管辖制度

第一节　电力民事诉讼管辖制度的基本内容

管辖作为民事诉讼程序运作的重要环节和必要条件，承载着保障诉权的价值和功能，不仅是“诉讼的入口”或者“诉讼的前奏”❶，也是“司法公正的第一道生命线”❷。就管辖的分类而言，以管辖的确定依据是法律规定还是法院裁定，可以将管辖划分为级别管辖、地域管辖等法定管辖，以及移送管辖、指定管辖和管辖权转移等裁定管辖；以管辖的法律规定是否具有强制性，可以将管辖区分为级别管辖、专属管辖等强制管辖，以及共同管辖、选择管辖和协议管辖等任意管辖；以诉讼管辖为划分标准，可以将管辖分为共同管辖和合并管辖两种。管辖不仅确定了上下级法院之间受理第一审民事案件的分工和权限，也划分了同级法院之间受理第一审民事案件的分工和权限，有助于当事人诉讼权利的全面保障，民事审判权的有效行使和民事诉讼程序的有序推进。在诉讼过程中，管辖制度的运行主要体现在立案审查程序之中。

❶ 王福华、张士利：《民事诉讼管辖基本问题研究》，《上海交通大学学报（哲学社会科学版）》2005 年第 5 期，第 21 页。

❷ 肖建国：《管辖制度与当事人制度的重构》，《人民法院报》2004 年 2 月 11 日。

一、民事诉讼的立案审查程序

《民事诉讼法》第一百二十二条规定了包括“原告是与本案有直接利害关系的公民、法人和其他组织”“有明确的被告”“有具体的诉讼请求和事实、理由”“属于人民法院受理民事诉讼的范围和受诉人民法院管辖”四项起诉条件。简言之，电力公司作为原告起诉，必须具备此四项要件。从当事人的角度而言，原告是否具备起诉要件，由法院依据职权进行审查。从法院的角度而言，法院立案庭负责对本案是否符合案件受理条件予以审查。在法院的立案审查程序中，“本院是否具有管辖权”是立案审查的重要内容之一，也是立案审查首先需要确认的重点和关键。

1. 受理案件

原告向法院起诉时除提交起诉状以外，还要提供书证等佐证自己的诉讼主张，这些材料是立案庭依职权审查的重要依据。在审查程序中，立案庭开展审查的模式为书面不开庭方式，主要审查的是原告起诉时提交的相关证据。如果原告提供的证据足以使得立案庭相信本院对案件有管辖权，并且原告提供的证据符合“有明确的被告”等其他受案条件，法院应当在七日内立案，并向原告送达《受理案件通知书》。根据《民事诉讼法》第一百二十八条的规定，法院应当在立案之日起五日内向被告送达起诉状副本。被告应当在收到起诉状副本之日十五日内提出答辩状。例如，沈阳市沈北新区法院收到沈阳瑞开电力设备有限公司的起诉状等材料后，经审查认为该院对原告起诉的买卖合同纠纷一案享有管辖权，因此通过向原告送达《受理案件通知书》告知受理情况。《受理案件通知书》通常会载明当事人有关的诉讼权利义务以及当事人参加诉讼应当提交身份证明等事项，以便利当事人及时知晓后续的诉讼程序[1]。

2. 裁定不予受理及其救济途径

在审查程序中，法院立案庭采用书面不开庭审查模式，依职权对本院

[1] 参见沈阳市沈北新区人民法院受理通知书（2021）辽0113民初1999号。

是否享有管辖权予以审查。立案庭经审查后如果认为本院无管辖权，将依《民事诉讼法》第一百二十七条[1]的规定，告知原告向有管辖权的法院起诉、向仲裁机构申请仲裁或者向有关机关申请解决等。例如，在肇庆市恒电电力工程有限公司与肇庆鑫盈装饰材料有限公司（以下简称鑫盈装饰公司）建设工程合同纠纷案中，被告鑫盈装饰公司已经向肇庆市中级人民法院申请破产清算，本案系以破产企业作为债务人的民事案件。法院根据《民事诉讼法》《最高人民法院关于适用〈中华人民共和国民事诉讼法〉的解释》的规定，以及参照《广东省高级人民法院关于审理企业破产案件若干问题的指引》（粤高法发〔2019〕6号）的要求认为，原告以破产企业为当事人新提起的民事诉讼，应当由受理破产申请的人民法院管辖。本院对本案无管辖权，原告应当向肇庆市中级人民法院提起诉讼[2]。

又如，在湖南某电力建设有限公司与湖南某新型碳材料有限公司（以下简称碳材料公司）建设工程施工合同纠纷案中，被告碳材料公司在首次开庭前提出受案法院对本案不具有管辖权。碳材料公司辩称原被告签订的《建设工程施工合同》明确约定“协商不成向甲方（即本案被告）项目所在地仲裁委员会申请仲裁”，因此本案应当由仲裁机构仲裁。法院认为，当事人双方选定的仲裁机构明确、具体和唯一，仲裁协议是双方真实意思的表示，故该仲裁协议有效。有效的仲裁协议可以排除受案法院对本案的司法管辖权，因此受案法院对本案不具有管辖权，当事人应当向仲裁机构

[1] 《民事诉讼法》第一百二十七条：人民法院对下列起诉，分别情形，予以处理：（一）依照行政诉讼法的规定，属于行政诉讼受案范围的，告知原告提起行政诉讼；（二）依照法律规定，双方当事人达成书面仲裁协议申请仲裁、不得向人民法院起诉的，告知原告向仲裁机构申请仲裁；（三）依照法律规定，应当由其他机关处理的争议，告知原告向有关机关申请解决；（四）对不属于本院管辖的案件，告知原告向有管辖权的人民法院起诉；（五）对判决、裁定、调解书已经发生法律效力的案件，当事人又起诉的，告知原告申请再审，但人民法院准许撤诉的裁定除外；（六）依照法律规定，在一定期限内不得起诉的案件，在不得起诉的期限内起诉的，不予受理；（七）判决不准离婚和调解和好的离婚案件，判决、调解维持收养关系的案件，没有新情况、新理由，原告在六个月内又起诉的，不予受理。

[2] 参见广东省四会市人民法院民事裁定书（2021）粤1284民初3095号。

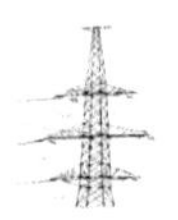

申请仲裁❶。

再如，在原告江苏一诺测控科技有限公司与北京普兰德电力技术有限公司（以下简称普兰德公司）等不正当竞争纠纷案中，原告认为普兰德公司等被告的行为属于串通招标投标，起诉要求确认涉案项目中普兰德公司中标无效。法院认为，根据《中华人民共和国反不正当竞争法》《中华人民共和国招标投标法》《中华人民共和国招标投标法实施条例》等法律法规的规定，原告起诉的实质目的是认为涉案项目招标投标活动不符合法律、行政法规的规定，因此原告应当在法定期限内向有关行政监督部门投诉，并由有关行政监督部门依法予以处理，但无权以构成不正当竞争行为为由向受案法院提起诉讼❷。

如果原告坚持起诉的，由于原告的起诉不符合民事诉讼法规定的起诉条件，立案庭应当在 7 日内作出裁定书，不予受理❸。例如，2015 年 6 月，福建南控电力设备有限公司向福建省龙海市法院起诉称，根据《机电产品购销合同书》的约定，要求福州鑫凯宏电气工程有限公司支付货款及利息。法院经审查后认为，原告和被告的住所地均不在本院管辖区内，且合同对履行地没有进行约定。根据《民事诉讼法》有关“因合同纠纷提起的诉讼，由被告住所地或者合同履行地人民法院管辖”的规定，以及《最高人民法院关于适用〈中华人民共和国民事诉讼法〉的解释》有关“合同对履行地点没有约定或者约定不明确，争议标的为给付货币的，接收货币一方所在地为合同履行地”的规定，龙海市法院对本案不享有管辖权，原告的起诉不符合法律规定的起诉条件，裁定不予受理❹。

根据《民事诉讼法》第一百二十六条的规定，原告对不予受理的裁

❶ 参见湖南省郴州市苏仙区人民法院民事裁定书（2022）湘 1003 民初 320 号。

❷ 参见重庆市渝中区人民法院民事裁定书（2021）渝 0103 民初 279 号。

❸ 《民事诉讼法》第一百二十六条：人民法院应当保障当事人依照法律规定享有的起诉权利。对符合本法第一百二十二条的起诉，必须受理。符合起诉条件的，应当在七日内立案，并通知当事人；不符合起诉条件的，应当在七日内作出裁定书，不予受理；原告对裁定不服的，可以提起上诉。

❹ 参见福建省龙海市人民法院民事裁定书（2015）龙民初字第 2775 号。

定，可以在裁定送达之日起十日内，向作出不予受理裁定的法院上诉。上一级法院审理后认为一审裁定错误的，应撤销原裁定指令受理案件，否则维持一审裁定。例如，2016 年，西宁祥捷电力安装有限公司（以下简称祥捷电力公司）不服青海省西宁市城东区法院不予受理起诉的民事裁定，向西宁市中级人民法院提起上诉。祥捷电力公司上诉称，公司和韩某约定借款，打款到韩某指定的青海公司的账户，而青海公司所在地是城东区。根据最高人民法院《关于审理民间借贷案件适用法律若干问题的规定》第三条有关“借贷双方就合同履行地未约定或者约定不明确，事后未达成补充协议，按照合同有关条款或者交易习惯仍不能确定的，以接受货币一方所在地为合同履行地”的规定，城东区法院享有本案管辖权。祥捷电力公司上诉称，城东区法院裁定认为本案的合同履行地为西宁市城西区法院是对法律的理解错误。

西宁市中级人民法院审查后认为，本案属于借款合同纠纷，当事人双方未签订书面合同，亦未对争议的解决方式作约定。根据最高人民法院《关于审理民间借贷案件适用法律若干问题的规定》第三条的规定，祥捷电力公司作为接受货币一方，其所在地西宁市城西区法院享有本案管辖权，据此西宁市中级人民法院作出“驳回上诉，维持原裁定”的二审裁定[1]。本案中，祥捷电力公司对“接受货币一方所在地为合同履行地”存在片面理解。在借款合同中，祥捷电力公司与韩某属于案涉合同双方主体，青海公司不属于本合同主体，其不享有本合同的权利和义务。根据合同的相对性原则，虽然合同双方约定向第三方支付款项，但是接受货币一方仍是祥捷电力公司，该公司所在地西宁市城西区法院享有本案管辖权。

二、管辖权异议

在提交答辩状期间，被告可以提出管辖权异议。根据《民事诉讼法》

---

[1] 参见青海省西宁市中级人民法院民事裁定书（2016）青 01 民终 487 号。

以及2021年施行的《最高人民法院关于审理民事级别管辖异议案件若干问题的规定》第一条规定，被告有权提出管辖权异议，既可以针对一般地域管辖，也可以针对级别管辖❶和专属管辖提出异议。审判庭收到当事人的管辖权异议申请后，应当对管辖权异议进行审查。对于异议成立的，法院应当裁定将案件移送有管辖权的法院。对此裁定，原告享有上诉的权利。对于异议不成立的，法院应当裁定驳回。对此裁定，被告可以提出上诉。

在答辩期间届满后，原告增加诉讼请求金额导致案件标的额超过受诉法院级别管辖标准，被告提出管辖权异议的，法院应当进行审查❷。如果被告既不提出管辖权异议，又应诉答辩的，将使得没有管辖权的法院因此获得本案管辖权，但是涉及级别管辖和专属管辖的除外。如果当事人没有提出异议，法院也没有发现本院没有管辖权，法院已经开始对案件进行实体审理的，为恒定管辖需要，则视受诉法院享有管辖权，以保障对案件的有效审理❸。

可见，管辖权异议制度对被告而言殊为重要。为了更好地保护被告的合法权益，自2016年以来，法院对管辖权异议的处理程序进行了优化，改变了以往“业务庭中止案件—移送立案庭审查裁定—移送业务庭”的复杂模式，改由业务庭自行处理管辖权异议❹，从而减少了法院内部移转案件的时间。《民事诉讼法》第一百八十三条规定，对裁定上诉的案件，法院

---

❶ 2021年《最高人民法院关于审理民事级别管辖异议案件若干问题的规定》第一条：被告在提交答辩状期间提出管辖权异议，认为受诉人民法院违反级别管辖规定，案件应当由上级人民法院或者下级人民法院管辖的，受诉人民法院应当审查，并在受理异议之日起十五日内作出裁定：（一）异议不成立的，裁定驳回；（二）异议成立的，裁定移送有管辖权的人民法院。

❷ 2021年《最高人民法院关于审理民事级别管辖异议案件若干问题的规定》第三条：提交答辩状期间届满后，原告增加诉讼请求金额致使案件标的额超过受诉人民法院级别管辖标准，被告提出管辖权异议，请求由上级人民法院管辖的，人民法院应当按照本规定第一条审查并作出裁定。

❸ 参见柴发邦、常怡、江伟：《民事诉讼法学新编》，法律出版社1992年版，第145页。

❹ 被告向业务庭提出管辖权异议的，以前的做法是由业务庭中止案件，移送立案庭审查裁定，而后移送回业务庭。这样一来，经由卷宗移送、重新立案、订卷等工作，历时弥久，一般耗时在3个月以上。

应当在三十日内作出终审裁定。司法实践中，法院平均六天就可以作出裁定，缩短了管辖权异议的审查期间[1]。

三、移送管辖

1. 移送管辖的适用

法院审查原告起诉时的起诉状以及相关证据材料后，认为符合案件受理条件而受案，此后发现本院对该案没有管辖权的，应当移送有管辖权的法院。移送管辖是一种典型的裁定管辖制度，是指法院受理案件后发现本院对该案没有管辖权，依法通过裁定的方式将本案移送至有管辖权的法院审理的制度。移送管辖是法院依职权对错误管辖行为的自我纠正，实质上是对案件的移交，而不是对管辖权的移送。在实践中，移送管辖通常发生在同级法院之间，少数移送案件发生在上下级法院之间。最为常见的情形是通过移送管辖纠正地域管辖错误的行为，而纠正级别管辖错误的情况则相对较少。

例如，原告北京骏达房地产开发有限公司因建设工程施工合同纠纷向北京市昌平区法院起诉，要求判处被告中建三局集团有限公司承担支付分项工期延误违约金等费用共计 4142 万元。在诉讼过程中，原告向法院提出变更诉讼请求，要求判处被告承担因工期延误原告额外支出的管理费等费用共计 1.14 亿元。法院经审查认为，结合《最高人民法院关于调整高级人民法院和中级人民法院管辖第一审民商事案件标准的通知》（法发〔2019〕14 号，以下简称《案件标准通知》）[2] 第二条的规定，原告的诉讼标的额已经超过 1 亿元，应当依法移送北京市第一中级人民法院处理[3]。

---

[1] 段文波：《我国民事管辖审查程序的反思与修正》，《中国法学》2019 年第 4 期，第 188 页。

[2] 需要注意的是《最高人民法院关于调整中级人民法院管辖第一审民事案件标准的通知》，已于 2021 年 10 月 1 日起实施，明确规定“当事人一方住所地不在受理法院所处省级行政辖区的，中级人民法院管辖诉讼标的额 1 亿元以上的第一审民事案件”。

[3] 参见北京市昌平区人民法院民事裁定书（2021）京 0114 民初 4250 号。

本案中，原告住所地位于北京市昌平区，建设工程施工地也在该区，被告住所地为湖北省武汉市。原被告住所地在不同的省市，属于《案件标准通知》规定的“当事人一方住所地不在受理法院所处省级行政辖区”的第一审民商事案件类型。根据《案件标准通知》第二条的规定，当事人之间争议的标的额超过1亿元，但是未超过50亿元，应当由中级人民法院管辖。据此，受理该案的北京市昌平区法院对原被告争议的建设工程施工合同没有管辖权，昌平区法院作出移送管辖的裁定是合法的。

2. 移送管辖后当事人的上诉权

法院受理案件后发现案件不属于本院管辖，应当依职权将案件移送有管辖权的法院，受移送的法院应当受理。《民事诉讼法》第一百三十条有关当事人管辖权异议的规定，明确当事人应当在提交答辩状期间提出该异议❶。根据《最高人民法院关于适用〈中华人民共和国民事诉讼法〉的解释》第三十五条和第二百一十一条有关法院移送管辖的规定❷，法院在立案后以及一审开庭前发现案件不属于本院管辖的，应当依职权移送有管辖权的法院。移送管辖的时间可能与提交答辩状期间交叉或者延后，如果在提交答辩状期间当事人提出管辖权异议的，法院移送管辖的则当事人通常不会提出上诉；如果在当事人提交答辩状后一审开庭前，法院移送管辖的，当事人可否针对该移送管辖提出上诉。目前，立法没有对当事人是否有权对法院移送管辖的裁定提起上诉作出规定。对法院依职权移送的行为，从当事人角度而言可否提出管辖权异议，尤其是原告能否提出管辖权

---

❶ 《民事诉讼法》第一百三十条：人民法院受理案件后，当事人对管辖权有异议的，应当在提交答辩状期间提出。人民法院对当事人提出的异议，应当审查。异议成立的，裁定将案件移送有管辖权的人民法院；异议不成立的，裁定驳回。当事人未提出管辖异议，并应诉答辩的，视为受诉人民法院有管辖权，但违反级别管辖和专属管辖规定的除外。

❷ 《最高人民法院关于适用〈中华人民共和国民事诉讼法〉的解释》第三十五条：当事人在答辩期间届满后未应诉答辩，人民法院在一审开庭前，发现案件不属于本院管辖的，应当裁定移送有管辖权的人民法院。第二百一十一条：对本院没有管辖权的案件，告知原告向有管辖权的人民法院起诉；原告坚持起诉的，裁定不予受理；立案后发现本院没有管辖权的，应当将案件移送有管辖权的人民法院。

异议，司法实践中存在一定争议。

基于便于当事人诉讼及法院审理的原则考虑，只要当事人尤其是原告对移送管辖不服的，都应当享有管辖权异议的上诉权。原因在于：一是《民事诉讼法》及司法解释中关于移送管辖的规定并未禁止当事人对移送管辖的裁定提出上诉。二是《民事诉讼法》规定的管辖权异议主体是当事人，当事人当然包括原告和被告。如果被告没有提出管辖权异议，法院依职权移送管辖时，应当允许原告提出管辖权异议。三是管辖权异议程序是案件进入实质审理的前置性程序，直接影响案件能否尽快进入实体审理阶段。法院的移送管辖有可能存在错误，赋予原告上诉权，由二审法院对管辖权问题进行审查，有助于及时纠正管辖错误。例如，在“王某文、殷某文报请移送管辖案”中，原告王某文向九江市浔阳区法院提起诉讼，要求被告及时给付建设工程施工的工程款。九江市浔阳区认为被告的户籍所在地在南昌市，遂将该案移送南昌市西湖区法院。江西省九江市中级人民法院二审裁定认为，本案系建设工程施工合同纠纷，原告向合同履行地所在的九江市浔阳区提起诉讼符合法律规定，因此指定九江市浔阳区法院对原、被告的建设工程施工合同纠纷一案继续审理❶。江西省九江市中级人民法院公布的二审裁定书没有列明，是原告还是被告对九江市浔阳区的一审裁定提出上诉，通过该案可以推定当事人对法院移送管辖的裁定享有上诉的权利。

在司法实践中，有一些原告针对法院移送管辖提出管辖权异议的典型案例❷。例如，2014 年，侯某和李某签订技术服务合同，约定由李某提供和传授 101 水合肼提取技术。李某因操作不当造成侯某所有的厂区反应釜发生事故，造成设备、厂房受损，李某及两名工人受伤。事后，侯某为李某垫付医疗费 13 万元。基于技术服务合同关系，侯某向合同履行地河南省鹤壁市山城区法院提起诉讼，要求李某承担该笔医疗费。山城区法院认为

❶ 参见江西省九江市中级人民法院民事裁定书（2015）九中立他字第 13 号。

❷ 电力公司涉诉案涉及件移送管辖的案例尚未找到，因此，此处用其他民事案件予以说明。

本案的法律关系应当为不当得利而非合同纠纷，继而移送本案至被告住所地河南省滑县法院审理。侯某不服，就山城区法院的移送管辖裁定向鹤壁市中级人民法院提出上诉，二审法院驳回上诉，维持原裁定❶。

本案中，侯某与李某发生的纠纷，系李某在提供技术服务时受伤需要治疗，侯某代为支付13万元医疗费用，而非双方因合同履行过程中违反合同约定而产生争议。据此，侯某向合同履行地法院提起诉讼于法无据，基于本案的事实，侯某与李某之间系不当得利关系，应当由被告住所地法院即河南省滑县法院审理。可见，法院作出移送有管辖权的滑县法院审理，是对本案法律关系的正确认定，也符合《民事诉讼法》第二十二条有关地域管辖的规定。本案是司法实践中当事人对法院移送管辖的裁定不服提出上诉的典型案件。

四、专属管辖

在管辖归类上，专属管辖属于地域管辖的特殊类型。就案件审级上而言，专属管辖与其他管辖模式一样，限定于法院受理第一审案件的分工与权限。就效力等级上而言，专属管辖与其他管辖模式相比具有较强的强制性和排他性。一般认为，专属管辖指的是法律规定特定类型的案件专门由特定的法院管辖，其他法院不享有管辖权，也不允许当事人通过协议等方式变更管辖。该制度的设立，主要出于公益的考虑，例如土地的主权所在以及证据调查的便宜、案件执行的便利等❷。《民事诉讼法》第三十四条，以及《最高人民法院关于适用〈中华人民共和国民事诉讼法〉的解释》第

---

❶ 参见河南省鹤壁市中级人民法院民事裁定书（2015）鹤民立终字第62号。类似案例有：宁夏回族自治区银川市中级人民法院民事裁定书（2015）银立终字第74号等。

❷ 姜启波、孙邦清：《诉讼管辖》，人民法院出版社2008年版，第59页。转引自王次宝：《我国民事专属管辖制度之反思与重构：以大陆法系国家和地区的一般规定为参照》，《现代法学》2011年第5期，第161页。

二十八条等条款对专属管辖的案件范围进行了较为详细的规定[1]。

根据现行法律的规定，不动产纠纷，由不动产所在地法院管辖；港口作业纠纷，由港口所在地法院管辖；继承遗产纠纷，由被继承人死亡时住所地或者主要遗产所在地法院管辖。《中华人民共和国海事诉讼特别程序法》第七条规定了三类专属海事法院管辖的案件，例如因沿海港口作业纠纷提起诉讼的案件；又如，因船舶排放、泄漏、倾倒油类或者其他有害物质，海上生产、作业或者拆船、修船作业造成海域污染损害提起诉讼的案件；再如，因在中华人民共和国领域和有管辖权的海域履行的海洋勘探开发合同纠纷提起诉讼的案件。此外，《民事诉讼法》第二百七十三条规定："因在中华人民共和国履行中外合资经营企业合同、中外合作经营企业合同、中外合作勘探开发自然资源合同发生纠纷提起的诉讼，由中华人民共和国人民法院管辖。"该种专属管辖制度，是相对于外国法院的专属管辖而言，学者一般称为国际专属管辖。相对于国内法院而言，该种专属管辖制度属于合同纠纷的特殊地域管辖。

司法实践中，电力公司涉及的专属管辖主要集中于建设工程施工合同纠纷和房屋租赁合同纠纷。例如，在新疆创为电力建设工程有限公司（以下简称创为电力公司）与王某善建设工程施工合同纠纷一案中，创为电力公司不服阿勒泰市法院一审裁定，提出上诉。该公司上诉称，原、被告双方属于挂靠经营合同纠纷，不适用民事诉讼法有关专属管辖的规定。双方在协议中约定，如履行合同发生争议无法协商解决的，可向创为电力公司

---

[1] 《民事诉讼法》第三十四条：下列案件，由本条规定的人民法院专属管辖：（一）因不动产纠纷提起的诉讼，由不动产所在地人民法院管辖；（二）因港口作业中发生纠纷提起的诉讼，由港口所在地人民法院管辖；（三）因继承遗产纠纷提起的诉讼，由被继承人死亡时住所地或者主要遗产所在地人民法院管辖。

《最高人民法院关于适用〈中华人民共和国民事诉讼法〉的解释》第二十八条：民事诉讼法第三十四条第一项规定的不动产纠纷是指因不动产的权利确认、分割、相邻关系等引起的物权纠纷。农村土地承包经营合同纠纷、房屋租赁合同纠纷、建设工程施工合同纠纷、政策性房屋买卖合同纠纷，按照不动产纠纷确定管辖。不动产已登记的，以不动产登记簿记载的所在地为不动产所在地；不动产未登记的，以不动产实际所在地为不动产所在地。

所在地法院提起诉讼。故本案应由创为电力公司所在地的昌吉市法院管辖❶。

二审法院经审查认为，当事人双方签订的《工程施工管理协议书》是对阿勒泰市配电网建设工程施工相关内容进行约定，两者之间的争议属于建设工程施工合同纠纷并无不妥。根据《民事诉讼法》第三十五条有关协议管辖的规定，第三十四条第一项不动产专属管辖的规定，以及《最高人民法院关于适用〈中华人民共和国民事诉讼法〉的解释》第二十八条第二款有关建设工程施工合同纠纷按照不动产纠纷确定管辖的规定，本案原、被告双方之间的纠纷属于法律规定的专属管辖。当事人虽然通过合同对管辖进行约定，但是该约定违反了法律有关专属管辖的规定，法院不予支持。本案案涉工程位于阿勒泰市，故阿勒泰市法院对本案具有管辖权，受理本案未违反法律规定。二审法院驳回了上诉人的上诉请求，维持原裁定。

第二节　电力民事诉讼管辖权异议案件分析

一、电力民事诉讼管辖权异议基本情况

在北大法宝数据库中，通过检索关键词“民事”“电力”“管辖权异议”，抓取到352件案例❷。以案由为划分标准，合同、准合同纠纷286件，占比81.25%，是所有纠纷中数量最多的一种类型。以专题分类为划

❶ 参见新疆维吾尔自治区伊犁哈萨克自治州阿勒泰地区中级人民法院民事裁定书(2021)新43民辖终22号。

❷ 时间截止到2022年2月28日。

分标准，建设工程纠纷 60 件，占比 17.05%，相对于借贷、环境保护、保理合同纠纷等而言，数量较多。以审理程序为划分标准，使用二审程序审理案件 339 件❶，占比 96.31%。

在上述案件中，被告对一审法院作出的驳回管辖权异议的裁定，大多数提起了上诉，因此在抓取的电力诉讼案件中，以二审法院作出管辖权异议裁定的数量占比最高。其中，管辖权异议纠纷再审案件 2 件，分别是山东晨宇电气股份有限公司诉青岛圣诺电力工程有限公司买卖合同管辖权异议纠纷再审案（2014 年）、河北电力设备厂与山西晟安电铝有限公司买卖合同纠纷管辖权异议再审案（2013 年）。管辖权异议再审案件数量明显减少的主要原因：一方面是再审案件启动条件较为严苛；另一方面是立法对当事人管辖权异议裁定的申请再审权利进行了限制。修正后的《最高人民法院关于适用〈中华人民共和国民事诉讼法〉的解释》第三百七十九条规定，“当事人认为发生法律效力的不予受理、驳回起诉的裁定错误的，可以申请再审”，实际上排除了管辖权异议纠纷的再审请求权。

《最高人民法院关于适用〈中华人民共和国民事诉讼法〉的解释》以列举的方式明确规定了可以申请再审的裁定范围，排除了当事人对管辖权异议裁定的再审申请权，所以能查阅到的管辖权异议再审案件自然少之又少。以审结年份为划分标准，2017 年审结的案件较多，总件数为 97 件，占比 27.48%。从 2010 年开始，管辖权异议案件数量呈现逐年上升的趋势，2017 年之后又呈现逐年下降的趋势（见图 2-1）。

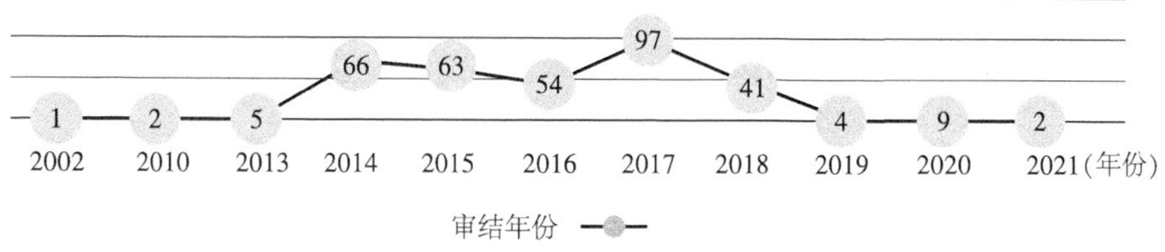

图 2-1　2002—2021 年管辖权异议案件趋势图（单位：件）

---

❶ 此处的数据仅指管辖权异议的上诉案件数量。

二、管辖权异议被驳回的上诉

兰州倚能电力（集团）有限公司（以下简称倚能电力公司）因与定西市益霖建材有限责任公司等当事人高度危险活动损害责任纠纷一案，不服甘肃省定西市中级人民法院民事裁定，向甘肃省高级人民法院提起上诉。倚能电力公司上诉称，一审法院根据《民事诉讼法》有关“异议不成立的，裁定驳回”的规定，裁定驳回该公司管辖异议，系适用法律错误。倚能电力公司认为，根据《最高人民法院关于适用〈中华人民共和国民事诉讼法〉的解释》有关“当事人在答辩期间届满后未应诉答辩，法院发现案件不属于本院管辖的，应当裁定移送”的规定，本案应当移送至兰州市中级人民法院❶。

二审法院经审查认为，根据《民事诉讼法》有关侵权纠纷由侵权行为地或者被告住所地法院管辖的规定，定西市属于侵权行为地，因此定西市中级人民法院享有本案管辖权。当事人应当在答辩期内提出管辖权异议，本案倚能电力公司在答辩期满之后提出管辖权异议，一审法院驳回其管辖权异议符合法律规定。倚能电力公司诉称的《最高人民法院关于适用〈中华人民共和国民事诉讼法〉的解释》有关应当裁定移送的规定，是对《民事诉讼法》（2017 年修正）第三十六条❷规定的法定情形作出的司法解释。该司法解释的规定是针对被告在答辩期内既未提出管辖权异议，又未答辩的情形下，法院依职权审查原告的起诉是否存在违反地域管辖、级别管辖和专属管辖的情况。本案中，倚能电力公司未在答辩期内提出管辖权异议但应诉答辩，不属于上述司法解释规定的法院裁定移送管辖的特殊情形，因此法院裁定驳回上诉人的上诉申请于法有据。

本案属于侵权责任纠纷案件，侵权行为地（包括侵权行为实施地、侵

---

❶ 参见甘肃省高级人民法院民事裁定书（2020）甘民终 9 号。

❷ 《民事诉讼法》（2017 年修正）第三十六条：人民法院发现受理的案件不属于本院管辖的，应当移送有管辖权的人民法院，受移送的人民法院应当受理。

权结果发生地）以及被告住所地法院都有管辖权。根据《民事诉讼法》有关选择管辖的规定，同一个案件，两个以上法院都有管辖权的，原告可以选择向其中一个法院起诉，这不仅是当事人选择管辖的权利，也是当事人处分权的一种体现。

三、管辖权异议成立的上诉

2021年，陕西银河发展（集团）有限公司（以下简称银河集团）、鲁能集团有限公司（以下简称鲁能集团）因与陕西西厦电力房地产开发有限公司（以下简称西厦电力公司）及西安鲁能置业有限公司（以下简称鲁能置业公司）损害公司利益责任纠纷管辖权异议一案，不服西安市雁塔区法院民事裁定，向西安市中级人民法院提起上诉。银河集团上诉称，西安市中级人民法院已经受理西厦电力公司要求对鲁能置业公司进行强制清算的申请，并指定清算组成员。本案属于强制清算衍生的诉讼，依法应由受理强制清算申请的西安市中级人民法院管辖。鲁能集团上诉称，西厦电力公司的诉请为向公司补足出资，依据〔2017〕最高法民辖终391号民事裁定书中阐明的观点，本案应由公司住所地即西安市未央区法院管辖。

法院经审查认为，当事人之间的争议属于损害公司利益责任纠纷，系鲁能置业公司清算案件衍生诉讼，应当由受理强制清算的法院即西安市中级人民法院管辖[1]。本案中，西厦电力公司提出撤销鲁能置业公司审计报告，以及鲁能公司向被强制清算的鲁能置业公司返还出资等诉讼请求，实质上均属于强制清算公司权利义务产生的争议。《最高人民法院关于审理公司强制清算案件工作座谈会纪要》第三十一条规定，法院受理强制清算申请后，就强制清算公司的权利义务产生争议的，应当向受理强制清算申请的法院提起诉讼，并由清算组负责人代表清算中公司参加诉讼活动。据此，本案应由受理强制清算申请的西安市中级人民法院审理。综上所述，

---

[1] 参见陕西省西安市中级人民法院民事裁定书（2021）陕01民辖终474号。

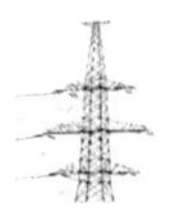

银河集团的上诉理由成立，法院予以支持；鲁能集团的上诉请求不能成立，法院予以驳回。本案原审裁定适用法律不当，西安市中级人民法院依法予以撤销。

第三节　电力民事诉讼移送管辖案件分析

一、移送本省其他法院管辖

2018 年 7 月，原告遵化鑫隆矿业有限公司向河北省遵化市法院起诉，要求被告国网冀北电力有限公司以及国网山东省电力公司承担财产损害赔偿责任。2019 年 9 月，原告提出变更诉讼请求申请，将诉讼请求变更为 3086 万元。两被告认为原告变更后的诉讼标的额已超过基层法院受理民事案件的级别管辖范围，遵化市法院对本案不再享有管辖权，应当将本案移送至河北省唐山市中级人民法院审理，遂提出管辖权异议❶。根据《最高人民法院关于调整高级人民法院和中级人民法院管辖第一审民商事案件标准的通知》（法发〔2015〕7 号）规定，该省基层法院管辖的第一审民商事案件标的额在 3000 万元以下。在本案审理过程中，原告将诉讼标的额增加至 3086 万元，已经超越了基层法院管辖案件诉讼标的额的刚性规定，因此两被告的管辖权异议理由成立，该案移送至唐山市中级人民法院管辖。

目前，就民商事案件而言，主要根据案件诉讼标的额来确定高级人民法院和中级人民法院管辖权，因此作为被告的电力公司应当了解最高人民法院有关第一审民商事案件管辖标准的司法解释。现行有效的司法解释主要有三部：《最高人民法院关于调整中级人民法院管辖第一审民事案件标

❶ 参见河北省遵化市人民法院民事裁定书（2018）冀 0281 民初 3734 号之三。

准的通知》（法发〔2021〕27号）、《最高人民法院关于调整高级人民法院和中级人民法院管辖第一审民商事案件标准的通知》（法发〔2015〕7号）、《最高人民法院关于调整高级人民法院和中级人民法院管辖第一审民商事案件标准的通知》（法发〔2008〕10号）。

二、移送外省法院管辖

2021年，原告湖南鸿平电力建设有限公司（以下简称鸿平电力公司）因与被告中国人民财产保险股份有限公司北京市分公司（以下简称中国人保北京市分公司）发生责任保险合同纠纷，向湖南省娄底市娄星区法院起诉。原告鸿平电力公司诉称，原告于2019年向被告中国人保北京市分公司投保雇主责任险，保险单载明险种为伤亡和医疗。在保险期间内，雇员陶某瑞等7人在工作过程中先后发生事故受伤，其伤情被社保部门认定为工伤，且均被鉴定为构成伤残等级。原告在事故发生后，先后与7人达成赔偿协议，并将赔偿款支付到位。原告就上述事故的保险赔付问题向被告提出理赔请求，被告拒不按照原、被告双方之间的特别约定进行赔付，因此向法院提起诉讼[1]。被告在答辩期间，对管辖权提出异议。

该案的争议焦点为：一是本案的性质。本案的险种属于雇主责任保险，根据《中华人民共和国保险法》（以下简称《保险法》）第九十五条有关保险公司业务范围的规定，属于财产保险。根据最高人民法院《民事案件案由规定》的规定，本案案由为责任保险合同纠纷。二是本案的管辖法院问题。《民事诉讼法》明确规定，被告住所地或者保险标的物所在地法院，对因保险合同纠纷提起的诉讼享有管辖权。原告提起诉讼的法院并非被告住所地法院，因此被告提起的管辖权异议的争议焦点，集中于保险责任是否属于保险标的物。三是本案是否存在保险标的物。根据《保险法》第六十五条第四款的规定，责任保险是被保险人对第三者依法应负的

---

[1] 参见湖南省娄底市娄星区人民法院民事裁定书（2021）湘1302民初4179号。

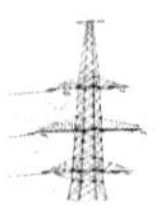

赔偿责任。本案中原告雇主责任的保险标的为雇主对 7 名雇员人身伤亡的赔偿责任，该赔偿责任不属于物的范畴。因此，本案中的保险责任不属于保险标的物，也不存在保险标的物，本案应当由被告住所地法院管辖。因此，被告提出的管辖异议理由成立，本案应当移送被告住所地即北京市东城区法院审理。

第三章

电力民事诉讼的证据理论与实务

第一节　主要证据类型分析

在北大法宝数据库中，以“民事”“电力”为关键词进行检索，查找到公报案例 6 件，典型案例 15 件，优秀案例 6 件。上述 27 件案件均为电力公司涉诉的案例。对上述案件中当事人提交至法庭的证据，进行多角度、多层次研究分析，有助于全面掌握涉诉证据的类型、证据的运用以及证据的采纳等问题。根据《民事诉讼法》第六十六条有关证据法定类型的规定，证据可分为当事人的陈述、书证、物证、视听资料、电子数据、证人证言、鉴定意见以及勘验笔录。实践中，每一件案件都会有当事人陈述这一证据类型，因此在统计数据时将其排除在外。现对上述 27 件案件中涉及的法定证据类型及数量等情况予以梳理分析，见表 3-1。

表 3-1　27 件案件中涉及的法定证据类型及数量

案例类别	书证	物证	电子数据	视听资料	证人证言	鉴定意见	勘验笔录
公报案例 1	借款合同等 13 份						
公报案例 2	定向开发协议等 24 份					1 份	
公报案例 3	即期付款信用证等 19 份						
公报案例 4	股权转让框架协议 22 份						
公报案例 5	框架协议等 15 份		1 份				
公报案例 6	离岗退养协议等 18 份						

续表

案例类别	书证	物证	电子数据	视听资料	证人证言	鉴定意见	勘验笔录
典型案例 1	土地租赁补充协议等 14 份						
典型案例 2	债权转让协议书等 10 份						
典型案例 3	应收账款质押合同等 17 份						
典型案例 4	融资租赁合同等 30 份						
典型案例 5	商务合同等 12 份						
典型案例 6	还款协议等 15 份						
典型案例 7	协议书等 13 份						
典型案例 8	委托开发合同等 25 份					1 份	
典型案例 9	对账单等 32 份						
典型案例 10	往来明细账单等 17 份						
典型案例 11	硅片销售合同等 11 份		1 份				
典型案例 12	技术协议等 13 份						
典型案例 13	拍卖转让合同等 19 份						
典型案例 14	产品销售合同等 12 份						
典型案例 15	商品房买卖合同等 22 份						
优秀案例 1	股权转让协议 21 份						
优秀案例 2	土地出让公告等 23 份		1 份				
优秀案例 3	采脂合同等 11 份					1 份	
优秀案例 4	服务合同等 16 份					1 份	
优秀案例 5	房地产抵押合同等 15 份						
优秀案例 6	建设工程施工合同等 26 份						
总计	485 份		3 份			4 份	

筛选的 27 件案件都属于合同纠纷类案件，经过比对分析后可以发现上述案件的证据类型主要集中于书证，且每起案件的书证数量都在 10 份以上，共有 485 份。涉及电子数据和鉴定意见证据数量较少，分别只有 3 份和 4 份。其他证据类型例如物证、视听资料、证人证言、勘验笔录则没有出现在判决书中。《最高人民法院关于适用〈中华人民共和国民事诉讼法〉

的解释》第一百零四条规定，人民法院应当组织当事人围绕证据的真实性、合法性以及与待证事实的关联性进行质证，并针对证据有无证明力和证明力大小进行说明和辩论。《人民法院在线诉讼规则》第十五条规定，当事人作为证据提交的电子化材料和电子数据，人民法院应当按照法律和司法解释的相关规定，经当事人举证质证后，依法认定其真实性、合法性和关联性。结合立法的规定，当事人双方提交给法庭的证据，必须经过法庭的质证环节，才能对该份证据的证据资格或证据能力予以认定。下文主要围绕27件案件中当事人提交的书证、电子数据以及鉴定意见等证据展开分析。

一、书证

在诉讼中，书证被称为“证据之王”。书证成为当事人提交给法庭的首选证据，主要原因在于：一是书证是以文字、符号、图形等表达的思想内容对案件事实起证明作用的证据。该种证据记载的内容一般较为明确，不仅形式上固定、稳定性较强、易于保存，不容易伪造、篡改，而且容易被常人所理解。书证的形成过程也是客观记录和反映案件事实的过程，真实性较强，在诉讼中往往能够直接证明案件事实。二是当事人不仅可以根据书证的内容、形式和笔迹等直观地对书证记载的案件事实进行初步判断，还可以从“客观性”“关联性”“合法性”角度对书证的证据属性和证明力等进行有效质证。三是法官可以通过书证记载的内容了解当事人之间的法律关系、案件的基本情况等信息。书证的鲜明特征以及证明案件事实的有效性使得其成为最主要的证据。

书证可以按照不同的标准进行划分，例如根据制作主体的不同，可以分为公文书证和非公文书证两类。在上述案件中，当事人提交给法庭的生效民事判决书、裁定书就属于公文书证；当事人提交的土地租赁合同、债权转让协议书、应收账款质押合同、融资租赁合同、委托开发合同、对账单、产品销售合同、商品房买卖合同、采脂合同、服务合同、房地产抵押合同以及建设工程施工合同等都属于非公文书证的范畴❶。又如，根据书证制作方法及其来源不同，可分为原本、正本和副本、复印件等。在上述案件中，当事人提交的合同原件就属于书证的原本；当事人提交的复印件属于书证的副本。再如，根据书证的形成是否需要特定的形式、格式和要件，可将其分为一般书证和特殊书证两类。在上述案件中，当事人提交的合同、往来明细账单等均属于一般书证；当事人提交给法庭的公证书则是特殊书证。一般而言，当事人提交给法庭的公文书证，其证明力比私文书证要强；公文书制作者根据原件制作的载有部分或者全部内容的副本，也与公文书正本具有相同的证明力。根据《最高人民法院关于民事诉讼证据的若干规定》的规定，私文书的真实性由主张以私文书证证明案件事实的当事人承担证明责任。因此，当事人在收集和提交证据时，应当尽可能出示公文书证，力求达到预期的证明作用。

二、电子数据

在“中静实业（集团）有限公司诉上海电力实业有限公司等股权转让纠纷案”中，被告通过手机短信等方式通知原告相关挂牌信息❷；在“江西赛维 LDK 太阳能高科技有限公司与吉林庆达新能源电力股份有限公司买卖合同纠纷案”中，当事人提交了电子邮件打印件 10 份❸；在“杭州海兴电力科技股份有限公司诉陈某堂名誉权纠纷案”中，当事人提交了微信截图、邮件等证据❹。

上述案件中出现的手机短信、电子邮件以及微信截图等资料，都属于《最高人民法院关于民事诉讼证据的若干规定》第十四条中列举的电子数

---

❶ 参见《最高人民法院关于民事诉讼证据的若干规定》第九十一条和第九十二条的规定。

❷ 参见上海市第二中级人民法院民事判决书（2014）沪二中民四（商）终字第 1566 号。

❸ 参见江西省新余市中级人民法院民事判决书（2018）赣 05 民初 93 号。

❹ 参见浙江省杭州市上城区人民法院民事判决书（2016）浙 0102 民初 3019 号。

据的具体形式❶。电子数据是基于电子化技术手段形成的，以电子形式存在于计算机硬盘、光盘等载体的客观资料❷。随着信息技术运用的普遍化以及人们之间交流方式的多样化，电子数据越来越多地被应用在日常生活以及各种交易之中。

电子数据❸具有如下特点：一是电子数据的存储需要特定的电子介质。前文中出现的手机短信、电子邮件以及微信等内容，都需要依赖手机、计算机等载体予以存储。二是电子数据的内容可以复制。手机短信、邮件以及微信等内容可以无限次地被复制，但是复制后的电子数据其证据能力可能会受到影响，证明力也可能会削弱。三是电子数据需要特定的设备，按

---

❶ 参见《最高人民法院关于民事诉讼证据的若干规定》第十四条：电子数据包括下列信息、电子文件：（一）网页、博客、微博客等网络平台发布的信息；（二）手机短信、电子邮件、即时通信、通讯群组等网络应用服务的通信信息；（三）用户注册信息、身份认证信息、电子交易记录、通信记录、登录日志等信息；（四）文档、图片、音频、视频、数字证书、计算机程序等电子文件；（五）其他以数字化形式存储、处理、传输的能够证明案件事实的信息。

❷ 《民事诉讼法学》编写组：《民事诉讼法》（第三版），高等教育出版社2022年版，第143页。

❸ 与电子数据相关的法律如下：《中华人民共和国电子签名法》第八条：审查数据电文作为证据的真实性，应当考虑以下因素：（一）生成、储存或者传递数据电文方法的可靠性；（二）保持内容完整性方法的可靠性；（三）用以鉴别发件人方法的可靠性；（四）其他相关因素。《最高人民法院关于适用〈中华人民共和国民事诉讼法〉的解释》第一百一十六条：电子数据是指通过电子邮件、电子数据交换、网上聊天记录、博客、微博客、手机短信、电子签名、域名等形成或者存储在电子介质中的信息。存储在电子介质中的录音资料和影像资料，适用电子数据的规定。《最高人民法院关于民事诉讼证据的若干规定》第十四条：电子数据包括下列信息、电子文件：（一）网页、博客、微博客等网络平台发布的信息；（二）手机短信、电子邮件、即时通信、通讯群组等网络应用服务的通信信息；（三）用户注册信息、身份认证信息、电子交易记录、通信记录、登录日志等信息；（四）文档、图片、音频、视频、数字证书、计算机程序等电子文件；（五）其他以数字化形式存储、处理、传输的能够证明案件事实的信息。第二十三条：人民法院调查收集视听资料、电子数据，应当要求被调查人提供原始载体。提供原始载体确有困难的，可以提供复制件。提供复制件的，人民法院应当在调查笔录中说明其来源和制作经过。人民法院对视听资料、电子数据采取证据保全措施的，适用前款规定。第九十三条：人民法院对于电子数据的真实性，应当结合下列因素综合判断：（一）电子数据的生成、存储、传输所依赖的计算机系统的硬件、软件环境是否完整、可靠；（二）电子数据的生成、存储、传输所依赖的计算机系统的硬件、软件环境是否处于正常运行状态，或者不处于正常运行状态时对电子数据的生成、存储、传输是否有影响；（三）电子数据的生成、存储、传输所依赖的计算机系统的硬件、软件环境是否具

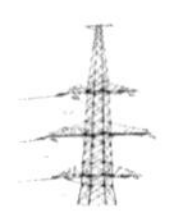

照操作程序才能将储存在电子介质中的信息完整显示出来。手机短信、邮件以及微信等内容，隐形地存在于一定的介质中，调取该证据需要借助手机、计算机等介质加以实现。四是电子数据作为一种电子化技术手段形成的痕迹，其生成、储存、传输较为容易被篡改、删除等，因此必须借助技术手段对电子数据的真实性进行审查判断。电子数据的真实性是庭审中面临的最主要的问题。

在庭审中，对电子数据的证据属性问题，主要围绕真实性（客观性）、关联性和合法性展开质证。第一，电子数据的真实性问题。电子数据与其他证据相比，具有一定的虚拟性、开放性、易变性等特点，在电子数据信息形成和存储介质之间存在一定的时空差，因此立法更加关注电子数据的真实性规范问题。《最高人民法院关于民事诉讼证据的若干规定》第九十三条有关电子数据真实性的条款，规定了电子数据的生成、存储、传输、保存、提取等环节，所依赖的计算机系统的硬件、软件环境的完整性、运行状态、核查手段等外部要件，以及电子数据的形成过程、运用该证据的主体适当性等问题。该条款的规定为当事人收集、保存、提取电子数据提供了规范性的依据，也为当事人判断电子数据的真实性提供了参考。上述案件中，一方当事人提交给法庭的电子数据，另一方当事人均未对真实性提出异议。因此，本书将结合其他典型案件重点分析电子数据真实性的审查判断问题。

（接上注）

备有效的防止出错的监测、核查手段；（四）电子数据是否被完整地保存、传输、提取，保存、传输、提取的方法是否可靠；（五）电子数据是否在正常的往来活动中形成和存储；（六）保存、传输、提取电子数据的主体是否适当；（七）影响电子数据完整性和可靠性的其他因素。人民法院认为有必要的，可以通过鉴定或者勘验等方法，审查判断电子数据的真实性。第九十四条：电子数据存在下列情形的，人民法院可以确认其真实性，但有足以反驳的相反证据的除外：（一）由当事人提交或者保管的于己不利的电子数据；（二）由记录和保存电子数据的中立第三方平台提供或者确认的；（三）在正常业务活动中形成的；（四）以档案管理方式保管的；（五）以当事人约定的方式保存、传输、提取的。电子数据的内容经公证机关公证的，人民法院应当确认其真实性，但有相反证据足以推翻的除外。

在原告上海轻享互联网科技有限公司诉宋某等买卖合同纠纷案中，原告负责管理和运营支付宝小程序“轻松住租赁”服务平台，该平台支持支付宝身份验证及人脸识别，签约及履约过程中的订单、物流、租金等信息均生成并存储于平台系统内。该平台还将上述电子数据同步存证于司法链。被告宋某系“轻松住租赁”平台的实名制验证注册用户。2019 年，被告通过该平台租用一台小米电视，并通过电子签约方式在小程序上与原告、第三人签订了《轻松住租赁协议》，协议约定被告应每月支付租金 274 元，若发生拖欠则将触发合同约定的由租转售条款，被告应按约定的买断款承担买断责任。在合同履行过程中，被告未按约定支付租金。

在庭审过程中，原告当庭就存证于司法链的证据进行了核验操作，步骤如下：①打开最高人民法院司法链网站。②通过“司法链数据核验”选项，点击“开始核验”，进入电子证据核验界面。③打开订单号、存证 token、存证时间、存证类型等电子证据包，选择核验界面的文本存证类型，逐一将前述电子数据明文复制粘贴输入核验页面对应的文本框中，点击“查询核验”。④核验结果均显示：“核验通过，比对结果一致，电子证据已在司法区块链存证，电子数据包完整性校验通过，数据未被篡改。”[1] 经比对，电子证据包中存证内容与原告提供的证据所载信息一致。

本案中，在交易过程中形成的区块链证据属于法定证据形式中的电子数据。法院在认定区块链证据的真实性时，综合考量区块链存证平台的可靠性、平台验证结果的可采性以及运用验证结果认定案件事实的确定性等方面，对本案涉及的区块链证据的真实性进行了认定，并予以认可和采信。

第二，电子数据的关联性问题。关联性是电子证据在法庭上运用的关键性问题。从哲学上而言，任何两个事物之间都存在或近或远，或强或弱的联系，相对于哲学上事物之间普遍存在关联的宽放性标准，诉讼上的关

---

[1] 参见上海市普陀区人民法院民事判决书（2020）沪 0107 民初 3976 号，以及上海市高级人民法院参考性案例 99 号。

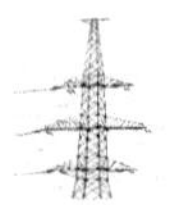

联性标准显然要更具有针对性和严谨性。诉讼上的关联性是指证据对案件事实具有的证明作用。一般而言，当事人提交给法庭的证据，与本案事实具有关联性的可以采纳，不具有关联性的不得采纳。虽然这个标准看上去较为简单，但是却有着较为复杂的内涵。因为关联性本身就是一个较难用切实有效的方法予以界定的法律概念，不容易用文字予以描述。美国《联邦证据规则》第四百零一条规定，“关联性证据是指具有下述趋向性的证据，即任何一项对诉讼裁判有影响的事实的存在，若有此证据将比缺乏此证据时更有可能或更无可能”。简单地说，有此项证据比没有此项证据更能有效地证明案件事实是存在的，或者是不存在的。

我国民事诉讼立法中已有一些关于证据关联性的规定，例如，《最高人民法院关于民事诉讼证据的若干规定》第六十九条第二项规定，申请书应当载明证人的姓名、职业、住所、联系方式，作证的主要内容，作证内容与待证事实的关联性，以及证人出庭作证的必要性。同时，第七十条第二项规定，当事人申请证人出庭作证的事项与待证事实无关，或者没有通知证人出庭作证必要的，人民法院不予准许当事人的申请。又如，《最高人民法院关于适用〈中华人民共和国民事诉讼法〉的解释》第九十五条规定，当事人申请调查收集的证据，与待证事实无关联、对证明待证事实无意义或者其他无调查收集必要的，人民法院不予准许。申请鉴定的事项与待证事实无关联，或者对证明待证事实无意义的，人民法院不予准许。但是，对于何为关联性，关联性的判断标准以及关联性的识别认定等内容，法律及司法解释并未予以明确，使得实践中对关联性的审查判断主要依靠法官的自由裁量权。

在“江西赛维 LDK 太阳能高科技有限公司（以下简称赛维公司）与吉林庆达新能源电力股份有限公司（以下简称庆达新公司）买卖合同纠纷”案件中，庆达新公司向法庭提交了打印的电子邮件，以证明其与赛维公司之间是加工承揽关系。但是，该电子邮件是复印件，且邮件地址是匿名注册的，与赛维公司公开的邮件地址不符，无法证明收件人为赛维公司一方。尤其是邮件显示的内容是赛维公司、庆达新公司以及第三方公司的一些业务往来，并无庆达新公司宣称的与赛维公司加工承揽以及冲抵货款方面的协议或者承诺。虽然法院确认了该份电子数据的真实性与合法性，但是认为其欠缺关联性。

从理论上而言，证据对于案件中待证事实是否有证明作用，其核心在于证据的内容与待证事实之间是否存在某种关联。法院既要考虑有无关联性的问题，也要考虑有无实质性的证明作用。例如，证据与待证事实之间的时间关系和空间关系、直接关系和间接关系、远近关系和强弱关系、因果关系和逻辑关系、必然关系和偶然关系、链接关系和伴生关系等。

我国民事诉讼法和司法解释并未对关联性的最低要求作出规定，但刑事诉讼法则有相关的规定。《最高人民法院关于适用〈中华人民共和国刑事诉讼法〉的解释》第二百四十七条规定，控辩双方申请证人出庭作证，出示证据，应当说明证据的名称、来源和拟证明的事实。法庭认为有必要的，应当准许；对方提出异议，认为有关证据与案件无关或者明显重复、不必要，法庭经审查异议成立的，可以不予准许。上述司法解释的规定，可以视为法庭采纳刑事诉讼证据的最低关联性标准。为了规范证据的关联性标准以及限制法官在审查判断证据关联性问题的自由裁量权，应当就一些司法实践中较难把握的关联性问题制定具体的规则。

第三，对电子数据合法性问题审查与对一般的证据合法性审查无异，因此将在本章“非法证据排除规则”一节中予以详细论述，此处不再赘述。

三、鉴定意见

2005 年，《全国人民代表大会常务委员会关于司法鉴定管理问题的决定》首次将我国传统立法与理论中的“鉴定结论”调整为“鉴定意见”。2012 年修正的《民事诉讼法》《刑事诉讼法》以及 2014 年修正的《行政诉讼法》，都沿袭了这一称谓。由“鉴定结论”向“鉴定意见”的转变，得益于学界长期的研究与呼吁，也是对鉴定证据再认识的立法确认，具有

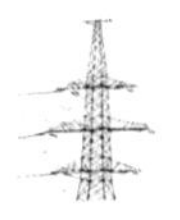

积极的意义。一方面，法律称谓的改变是对司法实践中盲目迷信“鉴定结论”的有效矫正，可以有效防止从字面上对“鉴定结论”进行片面的理解。另一方面，将“鉴定结论”修改为“鉴定意见”更能够体现鉴定意见区别于其他证据的重要特征，即“意见性”。对于鉴定意见的概念，主要有“科学判断结论说”“鉴定人意见说”“书面结论说”等❶，上述观点大多是从诉讼的关联性、科学性、意见性和专业性等角度予以界定提出的。

一般而言，鉴定意见是指在诉讼中，对案件涉及的专门性问题，鉴定人接受委托或者聘请，运用科学原理和科学方法对与案件待证事实有关的专门性问题进行鉴别、分析、判断而得出的结论性意见❷。作为法定证据的一种类型，鉴定意见具有专业性与科学性、主观性与客观性以及诉讼性与规范性等特征。尤其需要注意的是，鉴定意见只能就法庭据以查明的案件事实中涉及的某些专门性问题予以鉴别和判断，而不能对法律问题作出结论性意见。

根据鉴定对象的不同，可以将鉴定意见分为：法医类鉴定意见，主要包括法医精神病鉴定、法医物证鉴定等；物证类鉴定意见，主要包括文书鉴定、痕迹鉴定和微量鉴定等；声像资料类鉴定意见，主要包括对录音带、录像带、磁盘、光盘、图片等载体上记录的声音、图像信息的真实性、完整性及其所反映的情况过程进行的鉴定，以及对记录的声音、图像中的语言、人体、物体作出种类或者同一认定的鉴定等❸。有关司法鉴定方面的立法规定主要有：

一是《全国人民代表大会常务委员会关于司法鉴定管理问题的决定》。2005年，全国人民代表大会常务委员会第十四次会议通过《关于司法鉴定

❶ 参见邹明理：《论鉴定结论及其属性》，载何家弘主编：《证据学论坛》（第三卷），中国检察出版社2001年版，第294页；樊崇义等：《刑事证据法原理与适用》，中国人民公安大学出版社2003年版，第155页；陈光中主编：《刑事诉讼法学》，中国政法大学出版社2001年版，第204页等。

❷ 苏青：《鉴定意见概念之比较与界定》，《法律科学》（西北政法大学学报）2016年第1期，第157页。

❸ 参见《全国人民代表大会常务委员会关于司法鉴定管理问题的决定》第十七条。

管理问题的决定》，该决定对司法鉴定的基本内涵、司法鉴定的具体类型、司法鉴定的从业资格、鉴定机构之间的关系、司法鉴定的责任制度、司法鉴定的收费标准等专门问题进行了明确和细化，进一步加强了对司法鉴定机构的管理、规范了司法鉴定程序，确立了新型司法鉴定体制。2015 年修正该决定时，仅将司法鉴定收费项目和收费标准的主体予以修改。

二是司法鉴定工作方面的司法解释。1989 年，最高人民法院、最高人民检察院、公安部、司法部和卫生部联合印发《精神疾病司法鉴定暂行规定》，专门规定了精神疾病的司法鉴定问题。2001 年，最高人民法院印发《人民法院司法鉴定工作暂行规定》，从司法鉴定机构及鉴定人、委托与受理、检验与鉴定、鉴定期限、鉴定中止与鉴定终结等方面规范人民法院司法鉴定工作。2002 年，最高人民法院出台《人民法院对外委托司法鉴定管理规定》，规定了“人民法院司法鉴定机构负责统一对外委托和组织司法鉴定”“人民法院司法鉴定机构建立社会鉴定机构和鉴定人名册”“经批准列入人民法院司法鉴定人名册的鉴定人，在《人民法院报》予以公告”，进一步规范人民法院对外委托和组织司法鉴定工作。2004 年，最高人民法院印发《人民法院司法鉴定人名册制度实施办法》，对鉴定人名册的建立、鉴定人名册的应用和相关责任问题等进行了规定。2005 年，最高人民检察院关于贯彻《全国人民代表大会常务委员会关于司法鉴定管理问题的决定》有关工作的通知，对加强检察机关鉴定工作管理，规范工作程序，保证鉴定质量提出了要求。

三是民事诉讼法及其司法解释。《民事诉讼法》第六十六条、第八十条、第八十一条等 6 个条文对鉴定意见的证据属性、鉴定意见书的格式以及鉴定意见异议等作出了规定。《最高人民法院关于适用〈中华人民共和国民事诉讼法〉的解释》第一百二十二条规定了专家辅助人出庭制度，该条规定了专家辅助人有权对鉴定意见进行质证或者提出意见。

四是《最高人民法院关于民事诉讼证据的若干规定》。2001 年，为了保证法院正确认定案件事实，及时公正审理民事案件，最高人民法院制定了《最高人民法院关于民事诉讼证据的若干规定》。由于当时的民事诉讼

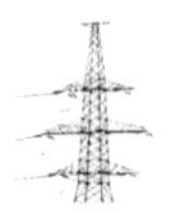

法对证据的规定仅有12个条文，对鉴定意见方面的规定较少。主要对鉴定程序的启动、鉴定机构和鉴定人员的确定原则、重新鉴定问题以及鉴定书的形式要求等问题进行了明确。这些条文基本上属于原则性规定，可操作性不强，无法真正解决司法实践中的证据问题。尤其是鉴定意见方面，由于缺乏可供遵循的具体规则，实践中的鉴定问题比较多，特别是重复鉴定、多项鉴定意见相互矛盾的问题比较突出。2008年12月，《最高人民法院关于调整司法解释等文件中引用〈中华人民共和国民事诉讼法〉条文序号的决定》调整了该规定的相应序号，但未对鉴定意见相关规定予以调整。2019年，修正后的《最高人民法院关于民事诉讼证据的若干规定》对鉴定问题进行了较为全面的修改，涉及的条文占全部条文的四分之一。

在民事诉讼中，鉴定意见的适用主要依据《最高人民法院关于民事诉讼证据的若干规定》中有关鉴定制度的具体规定。第一，启动鉴定的程序。该规定第三十条至第三十六条明确规定了三种法定途径，分别是法院依职权委托鉴定、特殊情况下法院释明后当事人申请鉴定以及当事人自行申请鉴定。第二，鉴定人的确定方式。根据规定，可由双方当事人协商确定，当事人协商不成的由法院指定，法院应当指定具备相应资格的鉴定机构或者鉴定人员。第三，法院出具委托书。鉴定意见是在诉讼过程中形成的，因此必须由法院为鉴定机构或者鉴定人出具相应的委托书，并载明鉴定事项、鉴定范围、鉴定目的和鉴定期限等。第四，鉴定书的基本结构。鉴定书应当包括委托法院的名称、委托鉴定的内容和要求、鉴定材料、鉴定所依据的原理和方法、对鉴定过程的说明、鉴定意见和承诺书、鉴定人签名或者盖章、鉴定人的资格证明等事项；委托鉴定机构鉴定的，除了鉴定机构盖章以外，还须有从事鉴定的鉴定人员签名。第五，当事人一方自行委托形成的鉴定书。实践中，当事人为了证明己方主张，在诉讼前或者诉讼中就专门性问题自行委托鉴定机构或者鉴定人员出具鉴定书，该种形式的鉴定书不是在庭审过程中形成的，不属于法定的鉴定意见。根据《最高人民法院关于民事诉讼证据的若干规定》第四十一条的规定，该种鉴定书属于意见，应当归入书证的范畴。因为，该种意见与鉴定意见的质证方式不同，前者为“另一方当事人有证据或者理由足以反驳”，后者“要求鉴定人作出解释、说明或者补充”或者“通知鉴定人出庭”[1]。该种意见的申请鉴定与鉴定意见的重新鉴定存在本质不同，前者申请鉴定应当是初次启动鉴定之义，后者的重新鉴定是基于鉴定人不具备相应资格、鉴定程序严重违法、鉴定意见明显依据不足以及鉴定意见不能作为证据使用的其他情形等法定事由，且原鉴定意见不得作为认定案件事实的根据[2]。因此，为了避免多次鉴定带来的诉讼效率低下、鉴定费用的多头支出等问题，当事人可以在诉讼过程中选择向法院申请进行司法鉴定。

在前述“（公报案例2）广西桂冠电力股份有限公司（以下简称桂冠电力公司）与广西泳臣房地产开发有限公司（以下简称泳臣公司）房屋买卖合同纠纷案”[3]中，桂冠电力公司单方委托房地产评估公司对其重新购置综合办公楼房地产，因价格上涨导致的损失金额进行评估。泳臣公司遂提出异议，认为该鉴定是单方委托，内容不客观、公正，且以重新购置价格作为损失的依据缺乏合同约定，也缺少法律根据。根据《最高人民法院关于民事诉讼证据的若干规定》有关“有证据或者理由足以反驳”才能申

---

[1] 参见《最高人民法院关于民事诉讼证据的若干规定》第三十七条：人民法院收到鉴定书后，应当及时将副本送交当事人。当事人对鉴定书的内容有异议的，应当在人民法院指定期间内以书面方式提出。对于当事人的异议，人民法院应当要求鉴定人作出解释、说明或者补充。人民法院认为有必要的，可以要求鉴定人对当事人未提出异议的内容进行解释、说明或者补充。第三十八条：当事人在收到鉴定人的书面答复后仍有异议的，人民法院应当根据《诉讼费用交纳办法》第十一条的规定，通知有异议的当事人预交鉴定人出庭费用，并通知鉴定人出庭。有异议的当事人不预交鉴定人出庭费用的，视为放弃异议。双方当事人对鉴定意见均有异议的，分摊预交鉴定人出庭费用。

[2] 参见《最高人民法院关于民事诉讼证据的若干规定》第四十条：当事人申请重新鉴定，存在下列情形之一的，人民法院应当准许：（一）鉴定人不具备相应资格的；（二）鉴定程序严重违法的；（三）鉴定意见明显依据不足的；（四）鉴定意见不能作为证据使用的其他情形。存在前款第一项至第三项情形的，鉴定人已经收取的鉴定费用应当退还。拒不退还的，依照本规定第八十一条第二款的规定处理。对鉴定意见的瑕疵，可以通过补正、补充鉴定或者补充质证、重新质证等方法解决的，人民法院不予准许重新鉴定的申请。重新鉴定的，原鉴定意见不得作为认定案件事实的根据。

[3] 参见最高人民法院民事判决书（2009）民一终字第23号。

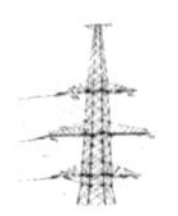

请鉴定的规定，泳臣公司虽然对评估报告有异议，却未能提出相反证据或者给出理由予以反驳，反而明确表示不申请法院委托鉴定。泳臣公司的行为是对自己诉讼权利的放弃，理应承担由此产生的法律后果，即使该评估报告中所载明的评估损失意见与实际损失之间有出入，也由该公司承担此种风险。可见，一方当事人单独委托鉴定机构作出的鉴定书，在质证时往往会受到对方当事人的质疑，对方当事人通常基于不信任、程序不合理、不公正等因素而提出异议或者反驳。

第二节　书证提出命令制度

在大多数庭审过程中，当事人提交的证据通常以书证为主，因此书证成为民事诉讼中一种最常见、最普遍的证据，也成为法庭裁判的主要基石。在司法实践中，有一种证据现象越来越引起学界的关注。诉讼中基于证明责任论，原、被告双方有提出证据的责任，即原告对自己提出的诉讼主张所依据的事实、被告为反驳对方诉讼主张所依据的事实，应当有责任提供证据予以证明。但由于双方当事人与证据之间的距离不对等，即当事人能够获取证据的手段、渠道和能力等因素具有很大差异，使得证明主体与证据材料分布之间存在隔离或者失衡状态。

司法实践中，单方当事人制作并保存书证的现象较为普遍，但是也有可能因特殊原因对方当事人或者第三人制作或者保管关键书证。作为一方当事人的加害人与证据距离通常较近，他们手中掌握或者控制着能够证明案件要件事实的大量证据。有学者将此种现象称为“证据偏在”[1]。为了最大化地呈现客观事实，达到诉讼中主客观相一致，也为了有效克服“证据偏在”的现实问题，我国立法一直在探索和优化书证提出命令制度。

[1] 张卫平：《民事诉讼法》（第5版），法律出版社2019年版，第261页。

2001 年，《最高人民法院关于民事诉讼证据的若干规定》第七十五条规定了证据提出义务，即有证据证明一方当事人持有证据无正当理由拒不提供，如果对方当事人主张该证据的内容不利于证据持有人，可以推定该主张成立。该法条规定了证据提出义务的成立条件以及拒不履行的法律后果，但因规定较为原则，且未限定提出证据的种类以及范围，在司法实践中存在较多问题。为进一步完善立法，在 2007 年、2012 年修正《民事诉讼法》的过程中，江伟、张卫平等学者提出增加书证提出命令的制度，但该建议最终未获得立法机关的采纳❶。

2015 年，《最高人民法院关于适用〈中华人民共和国民事诉讼法〉的解释》第一百一十二条对书证提出命令制度进行了原则性的粗线条创设❷，在申请主体范围、申请时间、费用承担、法律后果等方面对其进行了初步规定。2019 年《最高人民法院关于民事诉讼证据的若干规定》第四十五条至第四十八条对书证提出命令制度进行了细化和完善，上述条文规定了当事人申请法院责令对方当事人提交书证的申请书应当记载的主要事项、法院审查判断的具体标准、当事人双方的参与权申请不予准许的具体情形、控制书证的当事人应当提交书证的法定情形，以及控制书证的当事人无正当理由拒不提交书证的法律后果等内容。值得注意的是，该规定第九十九条第二款对书证提出命令制度进行了补充，将视听资料和电子数据也纳入

❶ 参见江伟：《〈中华人民共和国民事诉讼法〉修改建议稿（第三稿）及立法理由》，人民法院出版社 2005 年版，第 33-34 页；张卫平：《民事程序法研究》（第 7 辑），厦门大学出版社 2011 年版，第 177 页；郑学林，宋春雨：《新民事证据规定理解与适用若干问题》，《法律适用》2020 年第 13 期，第 45 页。

❷ 参见《最高人民法院关于适用〈中华人民共和国民事诉讼法〉的解释》（2015 年）第一百一十二条：书证在对方当事人控制之下的，承担举证证明责任的当事人可以在举证期限届满前书面申请人民法院责令对方当事人提交。申请理由成立的，人民法院应当责令对方当事人提交，因提交书证所产生的费用，由申请人负担。对方当事人无正当理由拒不提交的，人民法院可以认定申请人所主张的书证内容为真实。

了书证提出命令制度的适用范围❶，为查清待证事实以及保障当事人诉讼权利提供了有效的制度保障。

就我国而言，书证提出命令制度并非源于民事诉讼法的规定，而是由民事诉讼法司法解释首先创设的，该项制度的设立旨在增强当事人的举证能力，扩宽当事人收集证据的手段，帮助法院进一步查明案件事实。书证提出命令制度是指在诉讼过程中，有关书证由对方当事人持有，经负有举证责任的当事人申请和法院审查，在符合立法规定的申请条件的基础上，法院责令持有书证的当事人提交书证，否则其将承担法律规定的不利后果的制度。

书证提出命令制度的设立既有助于减轻负有举证责任当事人的举证负担，为该当事人提供取证的便利，也有助于法院发现案件真实进而作出接近客观事实的裁判。我国书证提出命令制度由司法解释确立的模式，与大陆法系主要国家或者地区普遍采取的由民事诉讼法进行明确规定的做法有所不同。《最高人民法院关于适用〈中华人民共和国民事诉讼法〉的解释》第一百一十二条规定了书证提出命令的申请主体范围、申请时间、申请费用的分配以及法律后果等内容。《最高人民法院关于民事诉讼证据的若干规定》第四十五条至第四十八条对该制度的申请条件、审查程序、客体范围、法律后果等方面予以了细化和完善。对于电力企业而言，只有准确把握现行法律规范才能够满足司法实践的需要。以下主要围绕书证提出命令制度的构成要素进行详细阐释，并结合具体案例予以分析。

一、书证提出命令制度的主体范围

《最高人民法院关于适用〈中华人民共和国民事诉讼法〉的解释》第

❶ 参见《最高人民法院关于民事诉讼证据的若干规定》第九十九条：本规定对证据保全没有规定的，参照适用法律、司法解释关于财产保全的规定。除法律、司法解释另有规定外，对当事人、鉴定人、有专门知识的人的询问参照适用本规定中关于询问证人的规定；关于书证的规定适用于视听资料、电子数据；存储在电子计算机等电子介质中的视听资料，适用电子数据的规定。

一百一十二条规定的申请主体是“承担举证证明责任的当事人”即申请人，“对方当事人”为被申请人。《最高人民法院关于民事诉讼证据的若干规定》第四十五条等条文规定的申请主体是“当事人”即申请人，“对方当事人”“控制书证的当事人”即被申请人。

对于申请人而言，马克思主义理论研究和建设工程重点教材《民事诉讼法学》[1]一书指出，当事人应作广义的理解，既包括诉讼中的原告和被告，也包括有独立请求权的第三人以及无独立请求权的第三人。最高人民法院环境资源审判庭编著的《最高人民法院关于环境民事公益诉讼司法解释理解与适用》一书也认为[2]，当事人涵盖诉讼中的原、被告，包括有独立请求权的第三人以及承担民事责任的无独立请求权的第三人即“被告型无独立请求权第三人”。实际上，申请人的范围采取的是理论与实务界有关当事人的广义通说理论，这种解释有助于扩大申请人的主体范围，也有利于案件事实得到有效查证。

对于被申请人而言，根据《最高人民法院关于适用〈中华人民共和国民事诉讼法〉的解释》第一百一十二条有关“书证在对方当事人控制之下”的规定，以及《最高人民法院关于民事诉讼证据的若干规定》第四十五条有关“控制书证的当事人”等规定，书证命令制度的被申请人应当作狭义理解。被申请人仅指“控制”书证的当事人，不包括诉讼外第三人。这与大陆法系国家或地区关于被申请人既可以是诉讼的一方当事人，也可以是与诉讼无关的第三人的立法存在明显差异[3]。

“控制书证的当事人”的立法规定表明，被申请人必须能够“控制”书证，此处的“控制”可以解释为被申请人是对书证享有管理权、处分权和支配权的当事人，而不局限于实际占有人。也就是说，控制书证的当事人能够决定是否提交该书证，并且书证提交与否将对其产生一定的法律影

[1] 《民事诉讼法学》编写组：《民事诉讼法》（第三版），高等教育出版社2022年版，第90页。

[2] 参见最高人民法院环境资源审判庭编著：《最高人民法院关于环境民事公益诉讼司法解释理解与适用》，人民法院出版社2015年版，第176-181页。

[3] 曹建军：《论书证提出命令的制度扩张与要件重构》，《当代法学》2021年第1期，第128页。

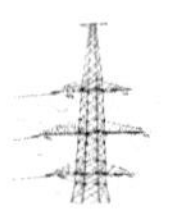

响或者带来一定的法律后果。例如，甲与乙签订保管合同，由乙保管甲的一份法律文书。根据《民法典》第八百九十九条保管合同中有关“寄存人可以随时领取保管物”的规定，甲作为寄存人可以随时取回该保管物。根据该法条的规定，甲作为寄存人虽然属于间接占有该法律文书，但甲对该法律文书仍具有支配力，可以自行决定是否提交该书证。乙作为保管人虽然直接占有该法律文书，但是基于保管合同的法律规定，无权处分该法律文书，即乙不享有决定提交与否的权利。

综上所述，书证提出命令制度的适格主体仅限于当事人。广义的当事人既包括有独立请求权的第三人，还包括无独立请求权中的被告型第三人，排除了辅助型无独立请求权第三人的适用。由于司法解释不能为诉讼外第三人设定诉讼法上的义务，因此书证提出命令制度的适用对象不能向辅助型第三人和诉讼外第三人予以扩展。但在我国的司法实践中，已有法院向辅助型第三人或者诉讼外特定第三人发出提交书证命令的案例。原、被告作为书证提出命令制度的申请人或者被申请人，在立法、理论和实践中应当都是不存在争议的，但是第三人尤其是诉讼外第三人，是否也应当纳入适格的被申请主体范围，则需要结合理论和实践予以分析和探讨。下文将结合司法实践中电力公司涉诉案件予以分析。

一是作为被申请人的被告型第三人。在原告国网四川省电力公司武胜县供电分公司（以下简称武胜供电公司）与被告邱某等7被告，以及第三人武胜县景宏物业管理有限公司（以下简称景宏物业公司）供用电合同纠纷一案❶中，原告诉请邱某等7被告补交电费，第三人在收取电费范围内承担缴纳义务。2015年5月至10月，邱某应交电费339元。景宏物业公司提交的《小区电表管理工作底稿》载明，邱某已经向该公司实际缴纳电费341元。被告王某和雷某提交的由景宏物业公司制作的2015年11月《收据》可以直接证明，第三人景宏物业公司向业主代收了2015年11月的电费。根据景宏物业公司2015年5月至10月期间的《小区电表管理工

❶ 参见四川省武胜县人民法院民事判决书（2017）川1622民初1704号。

作底稿》，以及王某和雷某提供的2015年11月的《收据》，足以证明景宏物业公司应当制作了反映2015年11月电费收取情况的《小区电表管理工作底稿》。

原告武胜供电公司在举证期限届满前向法院书面申请由第三人景宏物业公司提交2015年11月的《小区电表管理工作底稿》。经法院通知，第三人景宏物业公司无正当理由拒不提交该份底稿。依据《最高人民法院关于适用〈中华人民共和国民事诉讼法〉的解释》第一百一十二条等规定，原告依据被告邱某2015年5月至10月平均用电量，要求被告支付2015年11月电费68元，获得法院支持。同时，根据邱某2015年5月至10月缴纳电费给第三人景宏物业公司的事实，以及第三人景宏物业公司拒不提交2015年11月《小区电表管理工作底稿》的事实，推定邱某的上述电费应由第三人景宏物业公司向原告缴纳。

在此案例中，第三人景宏物业公司与被告住户之间存在物业服务合同关系，物业公司代收电费后，有义务向供电公司缴纳代收的电费。武胜供电公司向法院提起诉讼请求，要求邱某等7被告和第三人支付应交的电费时，完全处于证据的弱势端。由于原告无法证明邱某2015年11月的用电量，将会导致原告无法直接主张其合法权益。本案原告武胜供电公司充分运用书证提出命令制度，让对方当事人出示证据，有效维护了自身合法权益。

二是作为被申请人的辅助型第三人。在北京育新曙光服饰有限公司（以下简称育新公司）诉中国人民解放军总后勤部军需装备研究所（以下简称军需研究所）、第三人中国人民解放军总后勤部军需装备研究所中试基地（以下简称中试基地）加工合同纠纷"[1]中，育新公司与军需研究所达成产品加工合同，约定加工好的枕头指定交付给第三人即中试基地，但是货款仍由军需研究所支付给育新公司。因军需研究所未按照合同约定履行给付货款的义务，现育新公司起诉到法院，要求军需研究所支付未结款

[1] 参见北京市大兴区人民法院民事判决书（2015）大民（商）初字第18598号。

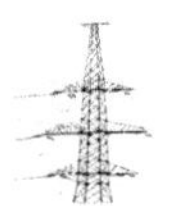

项 100 万元。

育新公司提交了《到货情况统计表》复印件，该复印件证明加工合同经办人周某曾制作过《到货情况统计表》，该表明确载有育新公司给中试基地送货的具体明细。根据《最高人民法院关于适用〈中华人民共和国民事诉讼法〉的解释》有关提交书证原件确有困难的规定，该情形主要包括：书证在他人控制之下其有权不提交的，承担证明责任当事人通过申请法院调查收集等方式无法获得书证原件的，以及原件在对方当事人控制之下经合法通知提交而拒不提交等。

该案中，因《到货情况统计表》原件保存于中试基地，属于在中试基地控制之下，导致育新公司提交证据原件确有困难。育新公司追加中试基地为第三人，并书面申请法院进行调查，但是中试基地拒不配合，后育新公司书面申请法院发出书证提出命令。法院审查后责令辅助型无独立请求权的第三人中试基地提交合同经办人周某制作的《到货情况统计表》原件，但是中试基地未提交。根据书证提出命令制度的有关规定，法院推定该《到货情况统计表》内容为真实，支持育新公司的诉讼主张。本案中，被告与第三人之间存在特殊关系，即被告买方与第三人实际使用方存在管理或者隶属关系，因此申请人提出书证命令制度有一定的关联性和可行性。

三是诉讼外第三人作为被申请人。在原告杨某华诉欧阳某芬等民间借贷纠纷案[1]中，杨某华持向欧阳某芬转账的银行凭证、欧阳某芬两次支付利息的凭证，诉请欧阳某芬返还其借款 10 万元。诉讼中，欧阳某芬主张其未向杨某华借款，事实是杨某华的妻子程某自己将上述 10 万元借给张某。欧阳某芬出示了其与程某的录音记录，证明该款项借给了张某；张某和黄某的《书面陈述》，证明张某才是借款人，借款后张某向原告出具了《借条》；张某在电话中向法院陈述证实，该笔钱是程某经由欧阳某芬转给张某的。此外，张某在法院质证调查中指出，他收到欧阳某芬转款后给程某

---

[1] 参见重庆市秀山土家族苗族自治县人民法院民事判决书（2016）渝 0241 民初 1330 号。

出具了《借条》，载明“今借到陈某现金 10 万元，利息 2%，一年还清本钱利息。”张某明确指出，该借条上写的是“陈”，而不是“程”。

根据上述证据，本案被告欧阳某芬主张原告妻子程某持有张某出具的借条，该借条将原告之妻程某误写为陈某，该借条可以直接证明欧阳某芬不是借款合同对方当事人。因此，被告申请诉讼外第三人程某出示其控制的该份借条，经法院责令其提交后，程某以无此“借条”为由拒不提交。根据书证提出命令制度的相关规定，法院推定申请人欧阳某芬所主张的《借条》内容真实，原被告之间不存在借款关系。

本案中，被申请人为原告的妻子，其与原告之间存有夫妻共同财产关系。原告申请的案由是借款纠纷，涉及夫妻共同债权关系的认定。为了更好地查明案件事实，作为夫妻共同财产的享有者，有义务提供其掌控的书证。在现有证据完全可以充分证明程某持有《借条》，且该书证对其不利，程某又拒不提供的情形下，法院有权认定申请人欧阳某芬的事实主张成立。

二、书证提出命令制度的对象范围

书证提出命令制度的对象范围，是指负有证明责任一方当事人可以申请对方当事人出示书证的权利范围，也即控制书证的另一方当事人提交书证的义务范围。《最高人民法院关于适用〈中华人民共和国民事诉讼法〉的解释》第一百一十二条未对书证提出命令制度的对象范围进行限定。2019 年修正后的《最高人民法院关于民事诉讼证据的若干规定》第四十七条以“具体列举+兜底条款”的方式对书证提出命令制度的对象范围予以了较为明确的规定[1]，以实现查明案件事实与保护书证控制人利益保护之

[1] 《最高人民法院关于民事诉讼证据的若干规定》第四十七条：下列情形，控制书证的当事人应当提交书证：（一）控制书证的当事人在诉讼中曾经引用过的书证；（二）为对方当事人的利益制作的书证；（三）对方当事人依照法律规定有权查阅、获取的书证；（四）账簿、记账原始凭证；（五）人民法院认为应当提交书证的其他情形。前款所列书证，涉及国家秘密、商业秘密、当事人或第三人的隐私，或者存在法律规定应当保密的情形的，提交后不得公开质证。

间的平衡。根据该法条的规定，书证提出命令制度的对象范围主要涵盖诉讼中的引用书证，对方当事人利益书证，有权查阅、获取的书证，以及账簿、记账原始凭证等。

一是诉讼中的引用书证。《最高人民法院关于适用〈中华人民共和国民事诉讼法〉的解释》表述为“控制书证的当事人在诉讼中曾经引用过的书证”，这里的“引用”应该可以理解为原告、被告、有独立请求权的第三人等诉讼主体虽然未向法庭出示该书证，但是在起诉状、答辩状、代理词等书面陈述或者口头陈述中曾经提及的书证。在书证的引用目的方面，当事人引用书证或者为了佐证其诉讼主张或者将其作为证据使用，但是在后续的诉讼程序中却未出示该书证。在书证的引用时间方面，根据《最高人民法院关于适用〈中华人民共和国民事诉讼法〉的解释》第一百一十二条有关当事人在举证期限届满前申请法院责令对方当事人提交，以及第九十九条有关法院应当在审理前的准备阶段确定当事人的举证期限等规定，可以推定引用书证的时间应当在开庭审理之前。但是结合《最高人民法院关于适用〈中华人民共和国民事诉讼法〉的解释》第一百零二条有关逾期提供证据的有关规定❶，表明我国并未完全摒弃“证据随时提出主义”的立场。因此，上述引用书证的时间可以延伸至整个庭审过程。如果书证控制人只引用书证的一部分内容，在法院要求其提交书证时是仅提交引用部分，还是应当提交全部书证，学界对此有争议。

最高人民法院法官曾撰文指出，“对书证的审查应当考虑书证的完整性，仅抽取其中部分内容，无法判断该部分书证内容的真实性。故当事人引用书证部分内容的，仍然有义务将完整的书证提出”❷。因此，在引用书

❶ 《最高人民法院关于适用〈中华人民共和国民事诉讼法〉的解释》第一百零二条：当事人因故意或者重大过失逾期提供的证据，人民法院不予采纳。但该证据与案件基本事实有关的，人民法院应当采纳，并依照民事诉讼法第六十八条、第一百一十八条第一款的规定予以训诫、罚款。当事人非因故意或者重大过失逾期提供的证据，人民法院应当采纳，并对当事人予以训诫。

❷ 郑学林、宋春雨：《新民事证据规定理解与适用若干问题》，《法律适用》2020 年第 13 期，第 47 页。

证的完整性方面，如果当事人仅引用了部分书证的内容，当事人也应当向法院提交全部书证内容。在引用书证的效力方面，根据现有立法的规定可以推定，即使当事人事后撤回引用的书证，也不会对书证提出命令制度的适用产生任何阻碍影响。

二是对方当事人的利益书证。《最高人民法院关于适用〈中华人民共和国民事诉讼法〉的解释》表述为“为对方当事人的利益制作的书证”。有关“对方当事人”方面，结合民诉法司法解释等规定，对方当事人是指本案中负有证明责任的当事人。有关“利益”界定方面，可以理解为书证的内容能够直接证明负有证明责任一方的权利或者能够为负有证明责任当事人的利益提供相应的证明。例如，在劳动争议纠纷中，单位控制的考勤表、打卡记录等书证。有关“利益”的指向对象，可以理解为关涉负有证明责任当事人的利益，也可以指向负有证明责任当事人与其他人享有的共同利益，最常见的是遗嘱书证。

三是有权查阅、获取的书证。《最高人民法院关于适用〈中华人民共和国民事诉讼法〉的解释》表述为“对方当事人依照法律规定有权查阅、获取的书证”。有关“法律规定”方面，主要是指实体法的直接规定。例如，《民法典》第二百六十四条有关集体成员查阅、复制相关资料的规定❶，以及第一千二百二十五条有关患者查阅、复制病例资料的规定❷。又如，《中华人民共和国个人信息保护法》（以下简称《个人信息保护法》）第四十五条有关个人查阅、复制个人信息的规定❸。再如，《中华人

---

❶ 参见《民法典》第二百六十四条：农村集体经济组织或者村民委员会、村民小组应当依照法律、行政法规以及章程、村规民约向本集体成员公布集体财产的状况。集体成员有权查阅、复制相关资料。

❷ 参见《民法典》第一千二百二十五条：医疗机构及其医务人员应当按照规定填写并妥善保管住院志、医嘱单、检验报告、手术及麻醉记录、病理资料、护理记录等病历资料。患者要求查阅、复制前款规定的病历资料的，医疗机构应当及时提供。

❸ 参见《个人信息保护法》第四十五条：个人有权向个人信息处理者查阅、复制其个人信息；有本法第十八条第一款、第三十五条规定情形的除外。个人请求查阅、复制其个人信息的，个人信息处理者应当及时提供。

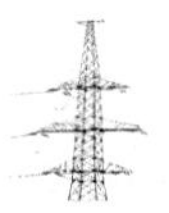

民共和国公司法》（以下简称《公司法》）第三十三条有关股东有权查阅、复制公司章程、股东会会议记录、董事会会议决议、监事会会议决议和财务会计报告等方面的规定❶。此外，还有《中华人民共和国合伙企业法》第二十八条❷、《中华人民共和国精神卫生法》第四十七条❸以及《中华人民共和国农民专业合作社法》第二十一条❹等条款也对当事人有权查阅、获取书证进行了规定。除了基于法律规定进行查阅书证以外，还可以基于实体法上的请求权取得书证。例如，一方当事人基于委托保管合同要求受托人交付其保管的文书。

司法实践中，当事人依照法律规定查阅、获取书证时，还应当注意民事实体法和民事程序法的衔接问题。例如，在医疗侵权纠纷案件中，被侵权人可以依据《民法典》第一千二百二十五条有关“患者要求查阅、复制前款规定的病历资料的”规定，要求医疗机构应当及时提供病历资料。如

---

❶ 参见《公司法》第三十三条：股东有权查阅、复制公司章程、股东会会议记录、董事会会议决议、监事会会议决议和财务会计报告。股东可以要求查阅公司会计账簿。股东要求查阅公司会计账簿的，应当向公司提出书面请求，说明目的。公司有合理根据认为股东查阅会计账簿有不正当目的，可能损害公司合法利益的，可以拒绝提供查阅，并应当自股东提出书面请求之日起十五日内书面答复股东并说明理由。公司拒绝提供查阅的，股东可以请求人民法院要求公司提供查阅。

❷ 《合伙企业法》第二十八条：由一个或者数个合伙人执行合伙事务的，执行事务合伙人应当定期向其他合伙人报告事务执行情况以及合伙企业的经营和财务状况，其执行合伙事务所产生的收益归合伙企业，所产生的费用和亏损由合伙企业承担。合伙人为了解合伙企业的经营状况和财务状况，有权查阅合伙企业会计账簿等财务资料。

❸ 《精神卫生法》第四十七条：医疗机构及其医务人员应当在病历资料中如实记录精神障碍患者的病情、治疗措施、用药情况、实施约束、隔离措施等内容，并如实告知患者或者其监护人。患者及其监护人可以查阅、复制病历资料；但是，患者查阅、复制病历资料可能对其治疗产生不利影响的除外。病历资料保存期限不得少于三十年。

❹ 《农民专业合作社法》第二十一条：农民专业合作社成员享有下列权利：（一）参加成员大会，并享有表决权、选举权和被选举权，按照章程规定对本社实行民主管理；（二）利用本社提供的服务和生产经营设施；（三）按照章程规定或者成员大会决议分享盈余；（四）查阅本社的章程、成员名册、成员大会或者成员代表大会记录、理事会会议决议、监事会会议决议、财务会计报告、会计账簿和财务审计报告；（五）章程规定的其他权利。

果医疗机构不及时提供的，则根据《民法典》第一千二百二十二条[1]的规定，“推定医疗机构存在过错”。此种情况下，被侵权人还可以根据《最高人民法院关于民事诉讼证据的若干规定》中有关书证提出命令制度的规定，申请法院责令医疗机构提供，如果医疗机构无正当理由拒不提供的，可以推定被侵权人主张的书证内容为真实。如果查明医疗机构存在违法销毁病历资料的行为，则可以根据《民法典》的规定，推定医疗机构存在过错。在医疗侵权纠纷中，民事实体法有关当事人可以查阅、获取的权利书证方面的规定，与民事诉讼法有关书证提出命令制度的规定之间实现了有机衔接。在诉讼中，当事人需要了解相关的实体法规定，同时注意从程序上保障自身的合法权益。

四是账簿、记账原始凭证。该项内容是《最高人民法院关于民事诉讼证据的若干规定》第四十七条第四项规定的内容，账簿、记账原始凭证对案件事实的认定具有重要影响，对案件处理结果也有法律上的利害关系。一般而言，账簿按照用途可以分为序时账簿、分类账簿和备查账簿三类；按照外表形式可以分为订本式账簿、活页式账簿和卡片式账簿三类；按照账页格式可以分为两栏式账簿、三栏式账簿、多栏式账簿和数量金额式账簿四种。记账原始凭证的类型主要有支票存根、发货单、收货单、领料单、银行回单、飞机票据、火车票据、工资结算汇总表等各种报销单据。

在日常经济活动中，账簿、记账原始凭证可以较为精确地反映商业交易的主要过程，或者可以从上述法律文书中推定出双方的商业交易情况。在认定事实方面，账簿等书证往往具有较强的证明力，能够较为直接地反映案件事实。例如，支票存根属于原始凭证，是证明经济业务往来的初始材料和重要依据，在法律上具有较强的证明力和法律效力。

五是人民法院认为应当提交书证的其他情形。《最高人民法院关于民

[1] 《民法典》第一千二百二十二条：患者在诊疗活动中受到损害，有下列情形之一的，推定医疗机构有过错：（一）违反法律、行政法规、规章以及其他有关诊疗规范的规定；（二）隐匿或者拒绝提供与纠纷有关的病历资料；（三）遗失、伪造、篡改或者违法销毁病历资料。

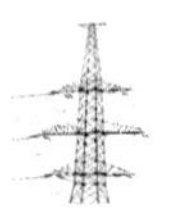

事诉讼证据的若干规定》第四十七条关于提出书证义务范围的规定，并未采取只有在法律明文规定的情形下控制文书的当事人才有义务提交书证的限定化模式，也未遵循法律特别规定可以不提交的书证以外其他书证均属于强制提交范围的立场，而是采用了法院依法严格适用书证提出命令制度的对象范围，同时基于实践的需求在司法审判中逐步探索可以适用书证提出命令的其他情形。

三、书证提出命令制度的申请条件及模式

当事人申请书证提出命令的条件，是由《最高人民法院关于民事诉讼证据的若干规定》第四十五条[1]予以规定的，该法条不仅规定了当事人申请书证提出命令的书面申请模式，也明确了申请书应当记载的必要事项。

一是申请提交的书证名称。在申请书中明确记载书证的名称或者内容，使得书证提出命令指向的对象能够特定化，即法院责令对方当事人提交的书证应当是明确的。否则，对方当事人作为书证提出命令的义务主体，因书证指向不明可能会增加其不必要的负担。如果申请人事先不了解该书证的名称或者内容，仅通过被申请人的引用等方式才知悉该书证的基本情况，而无从了解详细的书证内容，此种情形下对象特定化则较为困难。一般而言，只要申请人在申请书中对书证名称或者内容的描述，能够达到明确对象书证的程度即达到了对象书证的特定化，而不能苛刻申请人精确地描述书证的名称或者书证的相关内容。

二是书证可以证明的事实及重要性。申请人申请法院责令对方当事人提交其控制的书证，最主要的原因在于该书证能够有效地证明当事人提出的诉讼主张或者反驳对方诉讼请求。对于申请人而言，该书证的证明力较

---

[1] 《最高人民法院关于民事诉讼证据的若干规定》第四十五条：当事人根据《最高人民法院关于适用〈中华人民共和国民事诉讼法〉的解释》第一百一十二条的规定申请人民法院责令对方当事人提交书证的，申请书应当载明所申请提交的书证名称或者内容、需要以该书证证明的事实及事实的重要性、对方当事人控制该书证的根据以及应当提交该书证的理由。

强，对申请人主张的事实能够起到直接的证明作用。被申请人作为书证提出命令的义务主体，书证提出命令制度对其附加了义务负担。书证提出命令制度通过公权力对控制证据的被申请人施加影响，因此法院有必要审慎对待公权力的行使，即在审核时应当依法慎重审核。一方面，法院要进行书证自身必要性的判断，既要判断书证对查明待证事实的重要性，也要判断书证本身的重要性。另一方面，法院要从书证对裁判结果的影响方面予以判断，既要判断书证对待证事实的证明有无积极作用，也要判断书证证明的待证事实对于裁判结果有无实质性影响。

三是对方当事人控制该书证的根据。按照证明责任及其证明责任分配规则的立法规定，申请人负担法定的证明责任。在书证提出命令制度的运行过程中，该制度同样给申请人增加了一项新的证明责任，即申请人应当提供证据证明申请提交的书证不仅真实存在并且是由对方当事人控制的事实。也就是说，法院作出书证提出命令的前提条件，就是本案中不负有证明责任的当事人控制该书证，且该书证是现实存在的。

四是被申请人应当提交该书证的理由。申请人应当提交控制书证的当事人符合应当提交书证的法定事由或者其他理由。例如，申请人可以根据《民法典》《公司法》《个人信息保护法》等实体法中有关被申请人交付或者提供查阅书证的相关规定，作为申请的法定事由。又如，申请人可以根据《最高人民法院关于民事诉讼证据的若干规定》第四十七条有关书证提出命令的相关规定，作为申请的法定事由。

四、被申请人不履行书证提出义务的法律后果

当事人的申请理由成立的，法院应当作出支持申请的裁定，责令控制书证的对方当事人提交该书证。法院一旦作出裁定，被申请人在缺乏不可抗力等正当理由情况下拒不提交书证的，法院可以根据《最高人民法院关

于民事诉讼证据的若干规定》第四十八条[1]有关书证内容为真实的规定，推定申请人所主张的书证内容为真实。此处的推定包含双重含义：一方面，推定该书证真实存在；另一方面，推定书证内容为真实。如果被申请人毁灭有关书证，或者实施其他致使书证不能使用的行为，法院则可以根据《最高人民法院关于适用〈中华人民共和国民事诉讼法〉的解释》[2]等有关规定，不仅要对被申请人处以罚款、拘留，而且被申请人仍需承担证据法上的不利后果，即法院认定用该书证证明的事实为真实。值得注意的是，在必要共同诉讼中，一名共同诉讼人不遵守书证提出命令的，不利的法律后果应当及于全体共同诉讼人。

第三节　非法证据排除规则

一、非法证据排除规则的立法沿革

根据《民事诉讼法》及《最高人民法院关于适用〈中华人民共和国民事诉讼法〉的解释》有关证明责任的规定，当事人在诉讼过程中负有证明其主张的事实的义务。在一般情况下，当事人均需承担收集证据并及时提交给法院的义务。在证据“涉及国家秘密、商业秘密或者个人隐私的”等特殊情形下，当事人可以依据《最高人民法院关于适用〈中华人民共和国

[1] 《最高人民法院关于民事诉讼证据的若干规定》第四十八条：控制书证的当事人无正当理由拒不提交书证的，人民法院可以认定对方当事人所主张的书证内容为真实。控制书证的当事人存在《最高人民法院关于适用〈中华人民共和国民事诉讼法〉的解释》第一百一十三条规定情形的，人民法院可以认定对方当事人主张以该书证证明的事实为真实。

[2] 《最高人民法院关于适用〈中华人民共和国民事诉讼法〉的解释》第一百一十三条：持有书证的当事人以妨碍对方当事人使用为目的，毁灭有关书证或者实施其他致使书证不能使用行为的，人民法院可以依照民事诉讼法第一百一十一条规定，对其处以罚款、拘留。

民事诉讼法〉的解释》第九十四条规定申请法院调查取证。法院认为审理案件需要的证据“涉及可能损害国家利益、社会公共利益的”等法定事由，应当根据《最高人民法院关于适用〈中华人民共和国民事诉讼法〉的解释》第九十六条规定依职权调查取证[1]。当事人将收集的证据提交给法院后，司法证明过程中最为关键的环节是法官对上述证据材料的审查判断，尤其是对违法收集的证据资料如何进行评价的问题。在民事诉讼中，证据材料大多由一方当事人在诉讼外收集，与刑事诉讼由国家机关在统一的侦查和审理程序中获取的方式存在明显差异，因此刑事诉讼中的非法证据排除规则不能完全引入民事诉讼之中。最高人民法院在民事非法证据的考量和采信问题方面渐次采取宽松的立法政策。

一是《最高人民法院关于未经对方当事人同意私自录制其谈话取得的资料不能作为证据使用的批复》（法复〔1995〕2号）[2]（已失效，以下简称1995年《批复》）。1995年《批复》规定，“证据的取得必须合法，只有经过合法途径取得的证据才能作为定案的根据”。学界一般认为1995年《批复》的出台，标志着我国民事诉讼非法证据排除规则制度的确立。该司法解释除了从肯定方面规定证据收集的合法性以外，还从反面规定了

---

[1] 《最高人民法院关于适用〈中华人民共和国民事诉讼法〉的解释》第九十四条：民事诉讼法第六十七条第二款规定的当事人及其诉讼代理人因客观原因不能自行收集的证据包括：（一）证据由国家有关部门保存，当事人及其诉讼代理人无权查阅调取的；（二）涉及国家秘密、商业秘密或者个人隐私的；（三）当事人及其诉讼代理人因客观原因不能自行收集的其他证据。当事人及其诉讼代理人因客观原因不能自行收集的证据，可以在举证期限届满前书面申请人民法院调查收集。第九十六条：民事诉讼法第六十七条第二款规定的人民法院认为审理案件需要的证据包括：（一）涉及可能损害国家利益、社会公共利益的；（二）涉及身份关系的；（三）涉及民事诉讼法第五十八条规定诉讼的；（四）当事人有恶意串通损害他人合法权益可能的；（五）涉及依职权追加当事人、中止诉讼、终结诉讼、回避等程序性事项的。除前款规定外，人民法院调查收集证据，应当依照当事人的申请进行。

[2] 《最高人民法院关于未经对方当事人同意私自录制其谈话取得的资料不能作为证据使用的批复》（法复（1995）2号）规定：“河北省高级人民法院：你院冀高法〔1994〕39号请示收悉。经研究，答复如下：证据的取得必须合法，只有经过合法途径取得的证据才能作为定案的根据。未经对方当事人同意私自录制其谈话，系不合法行为，以这种手续取得的录音资料，不能作为证据使用。”

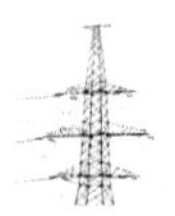

“未经过对方当事人同意私自录制其谈话”“以这种手段取得的录音资料，不能作为证据使用”的情形。

不可否认，1995 年《批复》具有较大的积极意义，但也受到了学界的一些诟病。其主要问题在于当事人提交的录音证据可能对被录音者是极为不利的，如果录音者要求对谈话或者通话进行录音时，被录音者通常会不假思索地予以拒绝。即便被录音者同意录音者要求录音的要求，在谈话或者通话时，被录音者往往会避重就轻，或者回避对自己不利的事实，甚至根本不会说出实情。因此，按照 1995 年《批复》侧重保护被录音者权益的考虑，录音者想通过合法手段获取录音证据材料的难度非常大，或者根本无法获取。该《批复》对于证据合法性的规定过于苛刻，因此 2019 年《最高人民法院关于废止部分司法解释（第十三批）的决定》附件“最高人民法院决定废止的部分司法解释目录”中明确，对 1995 年《批复》予以废止，理由是“民事诉讼法已规定”。

二是《最高人民法院关于民事诉讼证据的若干规定》（法释〔2001〕33 号）（已被修正，以下简称 2001 年《证据规定》）。2001 年《证据规定》第六十八条[1]规定了判断证据是否需要排除的两种标准，即“侵害他人合法权益”“违反法律禁止性规定的方法”。“侵害他人合法权益取得的证据”可以理解为，以拘禁或胁迫等方法侵害他人合法权益的行为取得的证据应当排除；“违反法律禁止性规定的方法取得的证据”中的禁止性规定既包括实体法，也包括程序法。实际上，法律禁止性规定的范围与强制性规定的范围相比有所限缩。根据该司法解释的规定，在民事案件审理过程中，当事人一方以侵害他人合法权益或者违反法律禁止性规定方式获取的证据，均视为非法证据，这种非法证据因欠缺合法性的元素而不

---

[1] 《最高人民法院关于民事诉讼证据的若干规定》（法释〔2001〕33 号）（已被修正）第六十八条规定：以侵害他人合法权益或者违反法律禁止性规定的方法取得的证据，不能作为认定案件事实的依据。

具有证据资格[1]，不能被法院采纳作为认定案件事实的依据。

相对而言，2001 年《证据规定》明确并提高了非法证据排除的具体标准，具有较强的可操作性。但是 2001 年《证据规定》对侵害他人合法权益的规定较为原则，导致实践操作中适用标准不统一。2019 年，因《最高人民法院关于适用〈中华人民共和国民事诉讼法〉的解释》已就民事非法证据排除规则的内容进行了明确规定，因此修正后的《最高人民法院关于民事诉讼证据的若干规定》删除了 2001 年《证据规定》中的第六十八条。

三是《最高人民法院关于〈中华人民共和国民事诉讼法〉的解释》（2015 年）。2015 年《最高人民法院关于适用〈中华人民共和国民事诉讼法〉的解释》第一百零六条[2]对 2001 年《证据规定》第六十八条的非法证据排除规则进行了完善。在"侵害他人合法权益"标准方面，增加了"严重"的程度限定词，提高了非法证据排除规则的认定标准，使得实践中能够更为准确地判断证据的获取是否属于非法。2015 年《最高人民法院关于适用〈中华人民共和国民事诉讼法〉的解释》新增加了"严重违背公序良俗的方法形成或者获取的证据"，该解释与"严重侵害他人合法权益"的规定相似，也采用了"严重"的限定词。此外，2015 年《最高人民法院关于适用〈中华人民共和国民事诉讼法〉的解释》仍沿用了 2001 年《证据规定》有关"违反法律禁止性规定"的限缩型立法模式。

可见，2015 年《最高人民法院关于适用〈中华人民共和国民事诉讼法〉的解释》规定的新非法证据判断标准，在一定程度上实现了取证人和被取证人之间的利益平衡。根据上述规定，取证人对被取证人合法权益造成一般性的侵害，不会导致该项证据被法院排除。2015 年《最高人

[1] 证据资格，又称为证据能力，指在法庭审理中为证明案件事实而将有关材料作为证据使用的资格。

[2] 《最高人民法院关于适用〈中华人民共和国民事诉讼法〉的解释》（2015 年）第一百零六条：对以严重侵害他人合法权益、违反法律禁止性规定或者严重违背公序良俗的方法形成或者获取的证据，不得作为认定案件事实的根据。

民法院关于适用〈中华人民共和国民事诉讼法〉的解释》在民事非法证据排除标准的判断问题上采取了更为谨慎的立法模式。此后，2020年和2022年《最高人民法院关于适用〈中华人民共和国民事诉讼法〉的解释》在修正时，未对民事非法证据排除规则的内容进行修改调整。但《最高人民法院关于适用〈中华人民共和国民事诉讼法〉的解释》并未对“严重”的程度、“他人合法权益”的界定，以及“法律禁止性规定”的范围性予以明确，使得这些关键性要素较为笼统和原则，这也导致法官在审理具体案件时，因对上述关键性要素把握不准，而造成截然不同的判决结果。

从1995年《批复》认为“只有经过合法途径取得的证据才能作为定案的根据”，到2001年《证据规定》排除“侵害他人合法权益或者违反法律禁止性规定的方法取得的证据”，再到2015年《最高人民法院关于适用〈中华人民共和国民事诉讼法〉的解释》强调“以严重侵害他人合法权益、违反法律禁止性规定或者严重违背公序良俗的方法形成或者获取的证据，不得作为认定案件事实的根据”，我国非法证据排除规则的标准不断优化，不得评价的证据材料范围也逐步被限缩。民事非法证据排除规则的确立和完善，不仅有利于保障当事人合法权益、维护司法权威，也有利于推进社会主义法治建设。

二、严重侵害他人合法权益的界定

《民事诉讼法》及《最高人民法院关于适用〈中华人民共和国民事诉讼法〉的解释》等未对“严重侵害他人合法权益”的内涵予以明确，使得实践中对于是否“严重侵害他人合法权益”的证据判断存在一些差异。例如，在“原告张某洁等与被告徐某军民间借贷纠纷案”[1]中，一审法院对被告提供的私自录制的录音谈话予以排除。自2009年开始，被告多次向

---

[1] 参见山东省济宁市中级人民法院民事判决书（2017）鲁08民终3683号。

原告借款。2014 年，原告与被告签订《还款协议》，载明被告已经还款 80 万元，剩余款项分两次付清。2015 年 2 月和 3 月，被告一共偿还借款 40 万元。之后，被告又偿还 5 万元，余下的 35 万元借款未及时偿还。被告辩称，2010 年时已经付清 35 万元欠款，并提供了原、被告双方的录音谈话。对此，原告不予认可。一审法院认定“谈话录音光盘是被告未经对方当事人同意私自录制其谈话，系不合法行为，不能作为证据使用”，同时结合 2014 年《还款协议》中对原、被告双方借款数额的约定，对被告的答辩意见不予支持，判决原告胜诉。被告不服，提出上诉。二审驳回上诉，维持原判。此案中，法院认为被告提供的原、被告双方谈话录音是其私自录音，不符合法律规定，因此根据非法证据排除规则予以排除。但是，法院并未在判决书中指明，被告私自录制谈话的行为违反了哪项立法。

又如，在“原告许某文与被告巫某琼民间借贷纠纷案”[1] 中，一审法院对原告提供的私自录制的录音资料未予以排除。2004 年，原、被告登记结婚，双方系再婚。2010 年，原、被告在法院调解离婚，但未涉及夫妻间共同债权债务问题。2014 年，原告起诉被告要求被告偿还借款 327 万元及相应利息。被告辩称，借款期间处于夫妻关系存续期间，且该款项都用于家庭日常生活支出，应当属于夫妻共同债务。此外，原告多年未向其主张权利，因此原告的诉请已经过了诉讼时效期限。

庭审过程中，在有关诉讼时效问题的争议方面，原告提供了 2014 年原告女儿与被告的录音资料一份，以证明原告一直在向被告主张权利，被告亦承诺还款。被告认为该份录音资料是原告私自录制的，属于非法证据，并引用了已废止的《关于未经对方当事人同意私自录制其谈话取得的资料不能作为证据使用的批复》（法复〔1995〕2 号）中关于私自录音不得作为证据使用的规定证明自己的主张。原告提供的录音谈话记录中，被告说：“他（案外第三人）肯定给他（指原告）说以后不要借钱给我了”，

[1] 参见四川省高级人民法院民事判决书（2015）川民终字第 236 号。

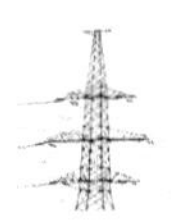

清晰地反映出原、被告之间有借贷关系，“他年年都在说”亦表明原告一直没有中断向被告主张债权。在质证过程中，被告陈述：“不是我给她（指原告女儿）打的电话，是她喊我请她吃饭到家里面录的音，只是话家常。”该当庭质证意见证实被告对录音谈话的真实性没有异议。法院结合民事诉讼法司法解释有关“严重侵害他人合法权益”非法证据排除规则的法定标准，认为原告提供的证据不属于非法证据，不予以排除，故认定未过诉讼时效。

本案中，原告提供的录音资料与上述“张某洁等与徐某军民间借贷纠纷案”中的录音谈话一样，都属于当事人一方未经对方当事人同意而私自录制的，法院对此的评价则完全相反。按照《最高人民法院关于适用〈中华人民共和国民事诉讼法〉的解释》中有关“严重侵害他人合法权益”的立法表述，“张某洁等与徐某军民间借贷纠纷案”中的录音资料虽然系当事人私自录制，但并未违反立法的规定，应当不予以排除。虽然该份录音资料不应当予以排除，但是录音证据证明的内容已经被2014年《还款协议》所推翻，因此被告的辩解仍然不成立。在“张某洁等与徐某军民间借贷纠纷案”中，法院之所以认为被告提供的录音资料属于非法证据，主要是结合其他证据的证明力综合审查判断之后作出的认定，而非仅仅依据有关非法证据排除规则的立法规定进行的认定。

民事诉讼法司法解释“严重侵害他人合法权益”中有关“严重”的认定标准，在大多数的案件中，法院能够结合案情、取证手段、取证方式等情节予以准确审查评价，获得当事人认可。例如，在“原告黄某泉与被告国网山东省电力公司高唐县供电公司等财产损害赔偿纠纷”案中，法院对被告供电公司提供的第三人产权证明予以排除。

2016年，因被告疏于管理导致交叉路口的电气线路发生故障由此引发火灾，造成原告车辆及车上货物，以及租赁库房及库房内货物损失，共计27万元。被告答辩称，涉案引发火灾事故的线路和供用电设施的产权人是第三人陈某，因此不需要承担赔偿责任。为证明其主张，被告提供了第三人于2017年12月13日出具的产权证明书。第三人诉称，被告工作人员徐某以拆迁需要确认财产所有权为由，要求第三人出具该证明，但被告对于产权证明书将被提交给法庭作为认定火灾事故的证据一事只字不提，因此第三人是在不知情、受欺骗的情况下出具该证明书的[1]。为此，第三人提供了被告工作人员徐某的证言以及其他证人证言和通话录音等资料，证明上述主张。被告对第三人提交的通话录音不认可，认为录音是在相关当事人不知情的情况下秘密录制的，不能作为认定案件事实的有效证据。

本案中，主要存在两项证据的审查评价问题。对于被告提供的第三人产权证明书的合法性问题，第三人提交了被告工作人员的证人证言等反驳证据，证明被告采用诱骗手段获取该证据，严重损害了第三人的合法权益，不能作为认定案件事实的依据。第三人的主张获得了一审法院的支持和认可，也得到了二审法院的肯定。对于第三人提供的被告工作人员等通话录音的合法性问题，虽然该录音是秘密录制的，但是录音内容完整，并不损害他人合法权益，可以作为认定案件事实的有效证据。

尤其需要注意的是，从严格意义上讲，第三人提交的秘密录制的通话录音，有可能侵害了通话人的知情权，但是达不到立法上规定的“严重”侵害程度，所以可以作为认定案件事实的依据。在法庭审理过程中，法院也是基于“严重”程度的限定作出了适当的评价。

从司法实践来看，“严重侵害他人合法权益”的范围认定问题是综合判断证据是否具有可采性的核心因素，对此可以根据《中华人民共和国宪

---

[1] 被告提交的产权证明书（2017年12月13日）与其收集的刘某、管某的证言材料（2017年2月23日），这两份证据的内容相互矛盾。第三人认为，同一电气线路的产权不能同时归陈某、王某和刘某所有，且产权证明和刘某、管某的证言矛盾，证人又不出庭作证，其提交的证言材料不能作为认定事实的有效证据。此外，被告向法庭提交的第三人出具的产权证明书上标明的“0.4kV三里庄二东干线006号杆转接线杆”产权人是第三人陈某，当初是第三人为了向路南架设有线电视网线埋设的该线杆，后来被告在未与第三人协商的情况下将该线杆用于输电线路使用。事发前，该转接杆上共有两路输电线路。一是向北发生了火灾的380伏的线路，此路输电线路与第三人无关；二是向东北方向的220伏的照明线路，该线路登记在第三人名下的，该线路从架设至今未发生过任何火灾事故，一直在正常使用，本案火灾事故对该线路亦未产生任何影响。由此可知，第三人名下享有产权的线路和用电设施，与本次火灾事故无关。

法》第二章“公民的基本权利和义务”中有关尊重和保障人权的内容，对严重侵害他人合法权益的范围予以认定。例如，在侵权纠纷中，如果侵权行为构成违法犯罪的，则应当严格予以法定排除；如果只构成民事侵权的，则应结合当事人的主观过错、侵权行为采取的方式方法、行为后果的严重程度、当事人与证据的远近程度，以及当事人的取证能力等因素综合考量判断该项证据是否应予排除❶。

三、严重违背公序良俗的方法形成或者获取证据的理解与适用

作为法律标准，公序良俗面向的主要是稳健的社会秩序和通行的善良风俗❷。学界就公序良俗已有不少成熟的研究，例如梁慧星教授总结出危害国家公序的行为、危害家庭关系的行为、违反性道德的行为、射幸行为、违反人权和人格尊严的行为、限制经济自由的行为、违反公正竞争的行为、违反消费者保护的行为、违反劳动者保护的行为以及暴利行为等十种违反公序良俗的具体行为❸。德国著名学者梅迪库斯将违反基本人权、违反职业身份或职业道德、违反社会伦理、滥用权利或明显损害他人利益的行为等作为违反公序良俗的具体表现形式。此外，山本敬三等其他学者也概括了不同的公序良俗的类型，但基本上大同小异，此处不再赘言❹。

在中国知网上搜索“公序良俗”核心期刊，显示《基本原则与概括条

---

❶ 曹成旭：《民商事审判中非法证据排除规则之适用：以民间借贷纠纷为研究视角》，《法治社会》2020年第3期，第123-124页。

❷ 陈林林、严崴：《公序良俗的法理分析：性质、类型与适用》，《南京社会科学》2021年第2期，第93-100页。

❸ 参见梁慧星：《市场经济与公序良俗原则》，《中国社会科学院研究生院学报》1993年第6期，第28-30页。

❹ 参见山本敬三：《民法讲义Ⅰ》，解亘译，北京大学出版社2004年版，第180页。尹田：《法国现代合同法：契约自由与社会公正的冲突与平衡》，北京大学出版社2009年版，第196页。

款的区分：我国诚实信用与公序良俗的解释论构造》[1]、《显失公平制度的解释论定位——从显失公平与公序良俗的关系切入》[2]、《民法典视野下强制性规范和公序良俗条款的适用规则》[3] 等 83 篇在《中国法学》《法学》《法学杂志》等核心杂志上发表的较有影响力的学术文章，大多是从民法角度分析该制度的内涵、性质、功能、限制、谦抑性、司法适用、判断标准以及与诚实信用之间的区别等，但鲜有从诉讼法视角开展公序良俗制度的深入阐释与专门研究。民事诉讼法学者通常在论述非法证据排除规则时对公序良俗的内容予以分析，例如周翠发表在《中国法学》上的《民事非法证据排除的规范解释与实务观察》[4]；李浩发表在《法学研究》上的《民事诉讼非法证据的排除》[5]；汤维建发表在《法学》上的《民事诉讼非法证据排除规则刍议》[6] 等。

在上述学术文章中，有关公序良俗的内容论述较少，基本上是一笔带过。也有学者经过研究指出，应当删除公序良俗要件。理由如下：公序良俗系“在适用上不易涵摄的法律概念”[7]；公序良俗这种悖俗取证的方式主要与证据的真实性判定相关，涉及证据真实性判定的问题不属于《最高人民法院关于适用〈中华人民共和国民事诉讼法〉的解释》第一百零六条的适用范畴，因此悖俗要件在判断证据的合法性上几无适用空间；违反公序良俗的方式或者手段获取的证据是否侵犯对方的人格权等权利，则属于侵

[1] 于飞：《基本原则与概括条款的区分：我国诚实信用与公序良俗的解释论构造》，《中国法学》2021 年第 4 期，第 25-43 页。

[2] 蔡睿：《显失公平制度的解释论定位：从显失公平与公序良俗的关系切入》，《法学》2021 年第 4 期，第 77-94 页。

[3] 崔文星：《民法典视野下强制性规范和公序良俗条款的适用规则》，《法学杂志》2022 年第 2 期，第 120-135 页。

[4] 周翠：《民事非法证据排除的规范解释与实务观察》，《中国法学》2020 第 3 期，第 223-243 页。

[5] 李浩：《民事诉讼非法证据的排除》，《法学研究》2006 年第 3 期，第 39-52 页。

[6] 汤维建：《民事诉讼非法证据排除规则刍议》，《法学》2004 年第 5 期，第 92-96 页。

[7] 王泽鉴：《民法总则》，2014 年自版发行，第 326 页。转引自周翠：《民事非法证据排除的规范解释与实务观察》，《中国法学》2020 第 3 期，第 230 页。

权要件下应予讨论的事项，而非悖俗要件项下的内容[1]。该学者还认为，如果将公序良俗作为非法证据排除的一个判断标准，不仅可能造成规范适用疑难、判例见解矛盾，而且亦可能造成错判[2]。但大多数学者对在证据采信上适用公序良俗原则秉持肯定的意见。学界存在分歧的主要原因，在于该项判断标准在司法实践中的适用不一致。

2008 年，《人民法院报》刊登了一则案例。1978 年，原、被告登记结婚，婚后育有一女。2005 年，原告向法院提起离婚诉讼并诉请对夫妻共同财产予以分割。为证明被告的资金情况，原告提供了一份录音资料，该份录音是原、被告的女儿在与被告谈话时偷偷录制的。法院认为："本院特别指出，为达诉讼目的，在亲属间采用秘密手段，有目的的诱使他人讲话并加以偷录的行为，有悖善良风俗，社会不宜倡导，……故对原告提供的其女儿与被告谈话录音资料，不予采信。"[3] 当时，根据 2001 年《民事诉讼证据规则》的规定，非法证据排除的规则仅有两项，即"侵害他人合法权益""违反法律禁止性规定的方法"。法院在判决中认为原告的证据违反了"善良风俗"，并不属于当时立法规范的范畴，因此学界对此颇有争议。

2015 年《最高人民法院关于适用〈中华人民共和国民事诉讼法〉的解释》中限定了违背公序良俗的严重程度，作为规范制定者的最高人民法院在《法律适用》上发表的《〈民事诉讼法〉司法解释重点问题解析》一文，也强调"违背公序良俗必须达到严重的程度，才属于违法证据"[4]。但是司法实践的状况不容乐观。例如，在"马某芳与徐某林委托、保管合同纠纷一案"中。为了证明母亲与舅父徐某林之间是委托合同关系，而非赠与合同关系，更不是保管合同关系，外甥女马某芳在未征得舅父同意的情况下，2 次对他们之间的通话进行了录音，且作为对舅父不利的证据。沈阳市中级人民法院审理后认为，因上诉人马某芳与被上诉人徐某林属外甥

[1] 周翠：《民事非法证据排除的规范解释与实务观察》，《中国法学》2020 年第 3 期，第 230 页。

[2] 周翠：《民事非法证据排除的规范解释与实务观察》，《中国法学》2020 年第 3 期，第 230 页。

[3] 参见潘强：《取证方法不得违背善良风俗》，《人民法院报》2008 年 4 月 13 日，第 7 版。

[4] 杜万华：《〈民事诉讼法〉司法解释重点问题解析》，《法律适用》2015 年第 4 期，第 5 页。

女与舅父的亲属关系，作为外甥女的马某芳未经舅父徐某林的允许，非法获取其与徐某林的通话录音，并作为对舅父不利的证据，该行为不仅与我国长幼有序、尊老敬老的传统美德相背离，而且违背了我国证据采信的基本原则，该偷录长辈通话录音的行为不能得到司法的鼓励与背书❶。这样的观点值得商榷。

在电力民事诉讼中，也有为数不多的涉及公序良俗判断标准的案件。例如，在"原告黑某军与青岛繁昌电力设备厂有限公司、孙某升委托合同纠纷案"中，原告向法院提交了一份录音证据。法院认为录音环境嘈杂语句不清晰，且与原告提供的文字材料不完全吻合。录音内容为谈话的过程并不是确认某一事实。录音的内容指向不明、意思表示不完整，使其无法与合同一一相对应。最主要的问题在于"证据的获取方式虽未达到侵害他人合法权益的非法证据程度，但系黑某军在孙某升并不知情的情况下私自录制，有违公序良俗"。除了录音证据中与其他证据及各方陈述相印证部分以外，其他方面不予采信❷。仅从判决书"法院认为"部分的内容而言，当事人提交的录音证据虽然是私自录制的，但并未达到违反公序良俗的程度，更谈不上严重违反公序良俗的程度。本案中，法院之所以作出上述判决结果，与录音证据存在疑点等问题具有直接关联性。

与此相对，在"原告四川森淼电力投资有限公司与被告汪某道、丹棱县北京联华超市物权保护纠纷案"❸中，法院对当事人提交的录音资料未予排除。原告通过执行程序取得了案涉房屋的所有权，但发现被告汪某道非法占有该房屋用于经营。原告为证明被告非法侵占案涉房屋的情况，提供了3份录音资料（其中光盘2张）。根据3份录音资料，原告认为自2017年6月、7月以来，被告一直在实际使用案涉房屋，是本案的适格主体。被告辩称原告提供的录音资料是私自录制的，根据《最高人民法院关于适用〈中华人民共和国民事诉讼法〉的解释》有关严重违反公序良俗等

❶ 参见辽宁省沈阳市中级人民法院民事判决书（2017）辽01民终2492号。

❷ 参见山东省胶州市人民法院民事判决书（2014）胶商初字第1039号。

❸ 参见四川省丹棱县人民法院民事判决书（2018）川1424民初86号。

立法的规定，应当属于非法证据，不能作为认定案件事实的根据。在审理过程中，法院认为根据原告提供的录音资料可知，被告一直在实际使用案涉房屋，因此被告是本案的适格主体。法院对被告排除录音资料的请求未予支持，但在判决书中未对不采纳的理由进行说明。

再如，在“候某国与关岭供电局财产损害赔偿纠纷案”中，原告候某国诉称因电表严重老化导致线路碰电而发生火灾，造成其巨额财产损失，要求被告关岭供电局承担财产损害赔偿责任。为此，原告提供了县公安消防大队作出的关公消火认简字〔2015〕第0002号《火灾事故简易认定书》予以佐证。被告反驳称，“关岭消防大队事故认定书认定的责任无任何依据且事故认定书违反法定程序，不能作为定案依据”[1]。法院认为，该认定书系当事人在火灾发生后报警，由公安消防部门作出的，不属于法律规定的严重违背公序良俗获取的证据排除情形，因此对被告的主张不予采纳。在上述电力民事诉讼案件中，法院通常在对民事诉讼法司法解释规定的“严重违背公序良俗的方法形成或者获取的证据”审查判断方面，秉持较为审慎的原则，并结合证据形成或者获取的手段、方式、过程等因素进行综合判断。

---

[1] 参见贵州省安顺市中级人民法院民事判决书（2017）黔04民终381号。

第四章

电力民事纠纷小额诉讼程序实证研究

第一节 小额诉讼程序的实践运行及立法发展

一般而言，小额诉讼程序是指基层法院及其派出法庭审理和解决的标的额为各省、自治区、直辖市上年度就业人员年平均工资50%以下的简单金钱给付民事案件的活动和程序。换言之，该种诉讼程序是法院针对争议标的额较小的民事案件，所适用的一种从程序上而言更为简便、迅速和经济的简易审判程序❶。自20世纪初以来，包括美国、韩国、日本和德国等在内的一些国家通过司法改革确立了小额诉讼程序。美国的小额诉讼程序并非一种独立的诉讼程序，主要由州法院适用，侧重于“保障底层民众寻求法院救济的权利”，化解普通民众对司法信任的危机。韩国的小额诉讼程序属于一种独立的审判程序，相当于我国的简易程序，兼有民事诉讼繁简分流和保障民众平等获得司法救济的功能❷。日本在普通程序、简易程序之外，重塑具有独立功能的小额诉讼程序。

自20世纪90年代中期以来，我国深圳市罗湖区等一些地方法院开始主动试点探索小额速裁程序；2012年，《民事诉讼法》正式将小额诉讼程序纳入立法。2007年、2012年以及2017年，《民事诉讼法》先后经历了三次修正后，2021年10月，《民事诉讼法》迎来了第四次修正。该次修正

❶ 常怡：《比较民事诉讼法》，中国政法大学出版社2002年版，第680页。

❷ 参见王德新：《小额诉讼的功能定位与程序保障》，《江西社会科学》2022年第1期，第74-76页。

的主要目的在于，对十三届全国人大常委会第十五次会议作出《关于授权最高人民法院在部分地区开展民事诉讼程序繁简分流改革试点工作的决定》，开展民事诉讼程序繁简分流改革试点工作的阶段性成效进行全面总结。根据《关于授权最高人民法院在部分地区开展民事诉讼程序繁简分流改革试点工作的决定》要求，“试点期满后，对实践证明可行的，应当修改完善有关法律”❶。2022 年 1 月，修正后的《民事诉讼法》开始施行，立法第一百六十五条至第一百六十九条对小额诉讼程序进行了较为全面的修正和完善。

我国小额诉讼程序的改革进程主要分为三个阶段。第一个阶段是部分基层法院先行先试，具体时间集中于 1994 年至 2010 年。1994 年，作为人民法院深化内部改革、适应形势需要的新尝试，深圳市福田区法院在借鉴我国香港、澳门地区以及其他国家做法的基础上，成立了解决公民个人之间、公民与法人之间小额钱债纠纷的专门审判机构，即小额钱债法庭。小额钱债法庭负责管辖辖区内发生的事实清楚，权利义务关系明确，责任明确，争议不大，双方当事人均能到庭，标的额在人民币 10 万元以下的小额钱债民事案件（婚姻家庭纠纷案件除外）和经济纠纷案件，例如银行追收贷款案、民间借贷案、追收结欠货款案、追索劳动报酬案、追索承揽加工费案、损害消费者权益案等❷。小额钱债法庭的设立有助于高效、快捷地审理标的额较小的钱债纠纷。

2001 年，罗湖法院作为深圳经济特区成立最早的基层法院，成立了全国首家“速裁法庭”，在不突破现有立法的前提下，推行一系列改革措施，力求通过优化审判资源配置以达到快捷审结小额纠纷案件的目的，并取得了较为显著的成效。2005 年，锦江区法院试行的民事速裁制度获得了很好的效果，该院采用速裁程序审理的 1673 件民事案件中，有 819 件在 1 天内审结，90% 以上都能在 1 个月内审结，案件的平均审理周期为 2 天，最短

❶ 张宝山：《民诉法修改：助推司法质量效率全方位提升》，《中国人大》2022 年第 1 期，第 43-44 页。

❷ 参见兆丰：《解决小额钱债纠纷的新尝试》，《人民司法》1994 年第 10 期，第 43 页。

结案时间不足 20 分钟[1]。

2007 年，大连市中级人民法院公布了适用速裁审理制度的案件范围，主要有："诉讼标的额小于 5 万元；被告送达方式明确、简便；诉讼当事人的相对方应对另一方的诉讼证据无异议，并且表示放弃提交反证，放弃举证期及答辩的；案件无诉讼保全或采取其他保全措施或强制措施的；双方当事人均要求人民法院快速审理的案件"[2]。

2009 年，海南省法院系统出台《关于基层人民法院民商事案件繁简分流的若干规定》《关于人民法庭对民商事案件速裁的若干规定》，明确"对于双方当事人到庭请求即时解决纠纷、当事人争议不大的离婚同居纠纷、争议标的额小权利义务关系明确等 13 类案件，在征得当事人同意后可以适用速裁方式审理"，以进一步提高民商事案件审判效率[3]。

此外，江西省南昌、上饶、抚州等地市的法院，也纷纷开始自发地探索设置速裁法庭或者建立速裁程序机制[4]。这一阶段地方法院自发的改革探索，虽然缺乏全国性的统一部署，但是目的导向较为明确，主要在于快速解决有限的司法资源供给与诉讼爆炸式的司法需求之间的不平衡问题和矛盾，通过改革意在强化当事人的程序选择权、优化司法资源的合理有效配置，以简便的诉讼程序迅速审理小额的民事案件。

第二个阶段是最高人民法院统一组织试点，具体时间集中于 2011 年至 2015 年。2011 年，最高人民法院印发《关于部分基层人民法院开展小额速裁试点工作指导意见》，安排部署北京、天津、上海、广东、江苏、浙江等地的 90 个基层人民法院开展小额速裁试点工作。该指导意见规定了适

---

[1] 王鑫，高云君：《五类案件适用民事速裁》，《四川日报》2005 年 6 月 10 日。

[2] 张劲、孙健：《大连中院开通案件"速裁审理"绿色通道》，《大连日报》2007 年 11 月 20 日，转引自央视网 http://news.cctv.com/society/20071120/105218.shtml。

[3] 杨燕生：《海南高院对 13 类民商案审判实行新规，当事人同意可以速裁》，《法制日报》2009 年 5 月 4 日。

[4] 参见史纪国、孙聪：《高新区交通事故速裁庭成立》，《南昌日报》2008 年 12 月 6 日；邓兴东：《金溪"交通事故速裁法庭"赢得群众好评》，《抚州日报》2009 年 4 月 20 日；邓旭敏、张旻坤：《江西开设高速路"速裁法庭"手续简化快速便捷》，《江南都市报》2010 年 8 月 4 日。

用小额速裁程序的案件类型、标的额、庭审模式、开庭时间、结案期限、异议申请以及诉讼费收取标准等事项❶。在总结小额速裁程序试点地区实践经验的基础上，2012 年全国人大常委会修正《民事诉讼法》时，在简易程序一章中增设了小额诉讼程序条款❷。但《民事诉讼法》对小额诉讼程序的规定较为原则，具有典型的强制性，且实行一审终审。由于法律缺乏对小额诉讼程序的体系性和系统性规定，导致司法实践中法院混同适用简易程序与小额诉讼程序，使得小额诉讼程序适用率不高。

2014 年，最高人民法院审判委员会通过《最高人民法院关于适用〈中华人民共和国民事诉讼法〉的解释》，该司法解释第二百七十一条至第二百八十三条对小额诉讼程序的案件适用范围、举证期限、审理程序、文书制作等实施规范作出了较为细化且明确的规定。

小额诉讼程序制度在正式运行后，其实际运行效果如何，是否达到有效缓解法院“案多人少”的诉讼压力，一些研究对此给出了答案。例如，2013 年至 2015 年 5 月，北京市各级法院小额诉讼程序的年平均适用率为 12.5%，其中 2013 年的适用率为 11.2%，2014 年的适用率为 13.5%，2015 年（截至 5 月 31 日）的适用率为 12.9%❸。又如，2013 年 1 月至 10 月，四川绵阳市基层法院民事案件共收 33653 件，适用小额诉讼程序占审理总数的 2%，适用简易程序占审理总数的 87%，适用普通程序占审理总数的 11%❹。再如，2013 年，重庆市各级法院共新收各类一审民商事案件 237803 件，审结 235685 件。其中标的额符合小额诉讼条件的案件有 178337 件，但以小额诉讼立案的仅 12448 件，最终适用小额诉讼程序结案

---

❶ 周斌、袁定波：《90 家基层法院试点小额速裁》，《法制日报》2011 年 4 月 14 日，第 005 版。

❷ 《民事诉讼法》（2012 修正）第一百六十二条：基层人民法院和它派出的法庭审理符合本法第一百五十七条第一款规定的简单的民事案件，标的额为各省、自治区、直辖市上年度就业人员年平均工资百分之三十以下的，实行一审终审。

❸ 陆俊芳，牛佳雯，熊要先：《我国小额诉讼制度运行的困境与出路：以北京市基层法院的审判实践为蓝本》，《法律适用》2016 年第 3 期，第 115 页。

❹ 绵阳市中级人民法院小额诉讼调研课题组：《小额诉讼的运行现状及其完善：基于绵阳市小额诉讼的调研》，《西部法学评论》2015 年第 4 期，第 74 页。

的有12240件，占民商事案件5.1%[1]。可见，虽然2012年小额诉讼程序纳入了民事诉讼立法，2015年《最高人民法院关于适用〈中华人民共和国民事诉讼法〉的解释》对小额诉讼程序进行了细化规定，但整体而言，这一阶段小额诉讼程序在审判实践中的适用率并不高，与立法目的相比存在一定的差距。小额诉讼程序在实践中遇冷的问题，使得决策层开始从更宏观的制度体系视角进一步部署“繁简分流”试点改革[2]。

第三个阶段是统筹推进“繁简分流”改革，具体时间从2016年开始。2016年1月，中央政法工作会议明确提出，以“多元化解、繁简分流”化解“案多人少”的矛盾。一方面，要坚持依法处理和多元化解相结合，强化诉前调解、诉调对接，让更多纠纷在诉讼渠道外得到解决，即外部分流。另一方面，要根据案件难易、刑罚轻重等情况，推进繁简分流，构建普通程序、简易程序、速裁程序等相配套的多层次诉讼制度体系[3]，即内部分流。在此决策背景下，同年9月制定印发的《最高人民法院关于进一步推进案件繁简分流优化司法资源配置的若干意见》，就“进一步推进案件繁简分流、优化司法资源配置”提出明确要求，“遵循司法规律推进繁简分流”，强调“简案快审、繁案精审”“该繁则繁，当简则简，繁简得当”。在约定的小额诉讼程序扩张适用方面，明确“当事人双方约定适用小额诉讼程序的，可以适用小额诉讼程序审理”[4]，这实际上突破了《民事诉讼法》（2012年修正）的立法规定。

2019年1月，中央政法工作会议明确提出，“要深化诉讼制度改革，

[1] 白昌前：《小额诉讼程序适用的现实困境及应对：以重庆法院为例》，《西南政法大学学报》2015年第1期，第122页。

[2] 王德新：《小额诉讼的功能定位与程序保障》，《江西社会科学》2022年第1期，第73页。

[3] 李阳：《攻坚之年看司改风向标：聚焦中央政法工作会议》，《人民法院报》2016年1月23日。

[4] 参见2016年9月，《最高人民法院关于进一步推进案件繁简分流优化司法资源配置的若干意见》。

推进案件繁简分流、轻重分离、快慢分道”❶。随后，中央全面深化改革委员会第六次会议通过的《关于政法领域全面深化改革的实施意见》明确要求：“深化诉讼制度改革”。同年，《全国人民代表大会常务委员会关于授权最高人民法院在部分地区开展民事诉讼程序繁简分流改革试点工作的决定》，明确授权最高人民法院在北京市、上海市辖区内中级人民法院、基层人民法院，南京市等中级人民法院及其辖区内基层人民法院等地方法院，就完善小额诉讼程序等制度，开展民事诉讼程序繁简分流改革试点工作❷。2020 年 1 月，最高人民法院印发《民事诉讼程序繁简分流改革试点方案》，就“适当提高小额诉讼案件标的额基准”“进一步简化小额诉讼案件的审理方式和裁判文书”“合理确定小额诉讼案件审理期限”等方面提出了工作要求❸。同时，最高人民法院还出台了《民事诉讼程序繁简分流改革试点实施办法》，就约定适用小额诉讼程序、小额诉讼程序的例外情形、小额诉讼程序的审理期限、小额诉讼程序法律文书的制作等进行了较为明确的细化和规定❹。

在全面总结试点法院有益经验的基础上，2021 年 10 月，《民事诉讼法》修正草案提请十三届全国人大常委会第三十一次会议审议，该次修正主要涉及小额诉讼程序三个方面的内容❺。一是进一步降低小额诉讼程序适用门槛。明确限定小额诉讼程序适用的案件类型为“金钱给付”类案件；较大幅度地调高适用小额诉讼程序的标的额，从原来“各省、自治区、直辖市上年度就业人员年平均工资百分之三十以下”修改为“百分之

---

❶ 参见《习近平在中央政法工作会议上强调　全面深入做好新时代政法各项工作　促进社会公平正义保障人民安居乐业》，央视网 http://tv.cctv.com/2019/01/16/VIDEy1i90klyE1VnOW-POayHO190116.shtml。

❷ 参见《全国人民代表大会常务委员会关于授权最高人民法院在部分地区开展民事诉讼程序繁简分流改革试点工作的决定》（人大常委会字〔2019〕42 号）。

❸ 参见《民事诉讼程序繁简分流改革试点方案》（法〔2020〕10 号）。

❹ 参见《民事诉讼程序繁简分流改革试点实施办法》（法〔2020〕11 号）。

❺ 张宝山：《民诉法第四次修正，民事审判质效如何再提升?》，《中国人大》2021 年第 22 期，第 36-37 页。

五十以下”；新增加了当事人合意选择适用模式[1]；明确了一方当事人下落不明等六种例外情形[2]。二是缩短审理期限。将小额诉讼案件的审理期限缩短为 2 个月[3]；增设了可以一次开庭审结并当庭宣判的倡导性规范[4]。三是明确小额诉讼程序适用的异议权和程序转化机制。为避免小额诉讼程序一审终审“一刀切”的问题，增加了当事人对小额诉讼程序判决不服的，可以向作出判决的法院提出异议的权利[5]。

整体而言，我国小额诉讼程序制度的改革，积极回应了法院“案多人少”审判压力的问题，明确了小额诉讼程序作为“繁简分流”司法改革的重要措施，突出了小额诉讼程序作为简易程序再简化的功能定位，在优化司法资源配置、满足当事人高效便捷纠纷解决的需求以及全面提升程序效能等方面，发挥了特有的制度优势和重要作用。

---

[1] 《民事诉讼法》第一百六十五条：基层人民法院和它派出的法庭审理事实清楚、权利义务关系明确、争议不大的简单金钱给付民事案件，标的额为各省、自治区、直辖市上年度就业人员年平均工资百分之五十以下的，适用小额诉讼的程序审理，实行一审终审。基层人民法院和它派出的法庭审理前款规定的民事案件，标的额超过各省、自治区、直辖市上年度就业人员年平均工资百分之五十但在二倍以下的，当事人双方也可以约定适用小额诉讼的程序。

[2] 《民事诉讼法》第一百六十六条：人民法院审理下列民事案件，不适用小额诉讼的程序：（一）人身关系、财产确权案件；（二）涉外案件；（三）需要评估、鉴定或者对诉前评估、鉴定结果有异议的案件；（四）一方当事人下落不明的案件；（五）当事人提出反诉的案件；（六）其他不宜适用小额诉讼的程序审理的案件。

[3] 《民事诉讼法》第一百六十八条：人民法院适用小额诉讼的程序审理案件，应当在立案之日起两个月内审结。有特殊情况需要延长的，经本院院长批准，可以延长一个月。

[4] 《民事诉讼法》第一百六十七条：人民法院适用小额诉讼的程序审理案件，可以一次开庭审结并且当庭宣判。

[5] 《民事诉讼法》第一百六十九条：人民法院在审理过程中，发现案件不宜适用小额诉讼的程序的，应当适用简易程序的其他规定审理或者裁定转为普通程序。当事人认为案件适用小额诉讼的程序审理违反法律规定的，可以向人民法院提出异议。人民法院对当事人提出的异议应当审查，异议成立的，应当适用简易程序的其他规定审理或者裁定转为普通程序；异议不成立的，裁定驳回。

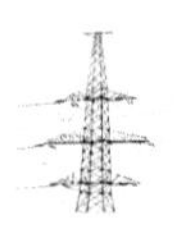

第二节　小额诉讼程序的基本理论问题解析

从20世纪末开始的小额诉讼程序试点到小额诉讼程序的全面推广，从小额诉讼程序的原则性立法规定到小额诉讼程序的专章规范性立法，小额诉讼程序在适用条件、适用范围、法律效果、举证期间、裁判文书的制作以及小额诉讼程序转简易程序、普通程序等方面的理论已经较为成熟。

一、小额诉讼程序的适用范围

2012年，《民事诉讼法》修正时将小额诉讼程序纳入立法，小额诉讼程序设立之初的功能定位就是简易程序中的“简易”之诉。与其他简易程序、普通程序相比，小额诉讼程序体现出其独特的属性。

一是审理小额诉讼程序的特定法院。立法规定基层法院及其派出法庭在一审案件审理过程中才能够适用小额诉讼程序审理案件，而中级人民法院、高级人民法院及最高人民法院审理案件不得适用小额诉讼程序，二审案件、发回重审的案件，以及再审案件也不得适用小额诉讼程序。这是立法的刚性规定，目的是更好地体现小额诉讼程序的便利性，以及周延保障当事人的审级权益。

二是小额诉讼程序案件的限定性。作为特殊的简易程序，小额诉讼程序适用的案件范围必须符合简易程序中要求的简单民事案件的规定，即“事实清楚、权利义务关系明确、争议不大”[1]。2022年修正的《民事诉讼法》中新增加了限定条件，即适用小额诉讼程序审理的案件必须是金钱给

[1] 2012年《民事诉讼法》第一百六十二条将小额诉讼程序适用的案件范围表述为，“符合本法第一百五十七条第一款规定的简单的民事案件”，而2022年《民事诉讼法》第一百六十五条则更加明确地表述为“事实清楚、权利义务关系明确、争议不大的”简单民事案件，两者并无实

付案件，同时立法用列举的方式明确了排除适用小额诉讼程序的具体案件类型❶。何谓金钱给付案件，民事诉讼法及其司法解释并未予以明确。一般而言，金钱给付类案件，指的是当事人之间仅在金钱给付的数额、时间、方式等方面存在争议的案件。除此之外，其他类型的给付案件无法适用小额诉讼程序进行审理。

立法之所以作如此严格的规定，一方面是因为金钱给付的财产纠纷在案涉财产利益的范围上比较容易认定，可以避免通过资产评估、财物鉴定等方法增加程序负担。另一方面是因为案涉争议财产如果超过立法规定的标的额，则可以直接判定该案转为简易程序或者普通程序。这一限制性立法规定排除了非金钱类给付案件或者含小额金钱给付的复合标的案件等简单民事案件的适用，可以有效防范小额程序的普遍适用或者滥用，客观上也有助于将小额诉讼程序案件数量维持在可控的或者可逾期的合理数量范围之内。

三是小额诉讼案件的标的额的提升。根据各省、自治区、直辖市上年度就业人员年平均工资为指标的一定比例，确定小额诉讼案件的适用标准，极大地促进了实践中基层法院及其派出法庭对小额诉讼程序的适用。据国家统计局提供的数据，在全国人大常委会通过 2012 年修正的民事诉讼法决定的前一年即 2011 年，全国城镇单位就业人员年平均工资为 41799 元，按 30% 计算全国大多数省（区、市）为 12000 多元，其中高的地区为 22000 多元，最低的 9400 余元❷。2012 年《民事诉讼法》对新增设的小额

（接上注）

质性差别。事实清楚，是指当事人双方对争议的事实陈述基本一致，并能提供可靠的证据，无须人民法院调查收集证据即可判明事实、分清是非；所谓“权利义务关系明确”，是指谁是责任的承担者，谁是权利的享有者，关系明确；所谓“争议不大”，是指当事人对案件的是非、责任以及诉讼标的争执无原则分歧。如果不符合这一条件，即使标的额非常小，也不应适用小额诉讼程序。

❶ 参见《民事诉讼法》第一百六十五条第一款以及第一百六十六条的规定。

❷ 丁颖：《网上法庭：电子商务小额纠纷解决的新思路：国外主要实践及中国相关制度构建》，《暨南学报（哲学社会科学版）》2015 年第 10 期，第 53 页。

诉讼程序标的额限定为“30%”的额度[1]，总体而言仍高于大部分国家或者地区小额诉讼程序金额的上限。

2012年以来，小额诉讼程序总体适用率一直偏低，制度功能并未得以充分发挥，这与小额诉讼程序标的额设置过低，适用小额诉讼程序的门槛较高存在一定的关系。因此2022年修正的《民事诉讼法》将适用小额诉讼程序案件的标的额进行了调整，即将适用小额诉讼程序的标的额从原来的各省、自治区、直辖市上年度就业人员年平均工资“百分之三十以下”提升到“百分之五十以下”。经测算，2019年至2021年，全国就业人员平均工资的50%分别为4.2万元、4.7万元和4.9万元，经济较为发达地区平均工资将达到6万~7万元，欠发达地区平均工资将达到3万~4万元。

总体上看，50%的比例设置所对应的数额较为适中，与各地经济发展水平相适应，符合社会对小额的一般认知，也有助于形成科学的案件结构[2]。例如，截至2022年6月，以北京地区为例，北京各基层法院及其派出法庭以2020年本市全口径城镇单位就业人员平均工资数额人民币112886元的标准确定小额诉讼标的限额。对于标的额在人民币56443元以下（包含本数）的简单金钱给付民事案件，法院依职权适用小额诉讼程序；对于标的额超过人民币56443元但在225772元以下（包含本数）的，当事人双方可约定适用小额诉讼程序[3]。值得注意的是，小额诉讼程序标的额指的是当事人起诉时确定的诉讼请求总额，即当事人起诉时请求对方当事人承担持续发生的违约金、利息或者存在特定计算方法的其他金额，且都以当事人起诉之日确定的总金额，作为是否适用小额诉讼程序案件审理的判断标准。

---

[1] 2012年民事诉讼立法规定适用小额诉讼程序的简易案件，其标的额为各省、自治区、直辖市上年度就业人员年平均工资百分之三十以下的，实行一审终审。

[2] 关于小额诉讼程序适用范围、约定适用与救济程序规定的理解与适用，澎湃新闻 https://www.thepaper.cn/newsDetail_forward_17856324，2022年6月22日访问。

[3] 关于小额诉讼程序适用范围、约定适用与救济程序规定的理解与适用，彭湃新闻 https://www.thepaper.cn/newsDetail_forward_17856324，2022年6月22日访问。

二、小额诉讼程序的约定适用

程序相称原则要求程序的设计应当与案件的性质、争议的金额、争议事项的复杂程度等因素相适应[1]。小额诉讼程序意在降低诉讼成本、优化司法资源的有效配置，同时也要保障当事人的合法权益。对此，在修正《民事诉讼法》时，关于小额诉讼程序能否约定适用问题，存在一定的争议。主要分为三种观点：一是主张强制主义，认为小额诉讼程序应当由法院依职权强制决定适用，当事人无权选择[2]。二是主张自愿原则，由当事人自行决定是否采用小额诉讼程序解决争议。三是折中主义观点，主张采取强制与自愿相结合的方式，即法定额以下的案件采用强制主义，法定额以上到某一标的金额的案件采用当事人自愿原则。2022 年修正《民事诉讼法》时采用了第三种观点，对小额诉讼所涉标的额的上限扩大到了法定标的额以上四倍以内的幅度[3]，该范围内的案件赋予当事人自愿选择适用小额诉讼程序的权利。例如，2016 年，王某向某金融机构借款 9 万元，到期后王某未还款付息被金融机构起诉。该案事实清楚、权利义务关系明确、争议不大，虽然本案诉讼标的 9 万元已经超过小额诉讼程序法定标的额，但是符合小额诉讼程序当事人约定适用的法定情形。双方当事人在法官释明小额诉讼程序的基本规定等内容后，主动选择适用小额诉讼程序并签署了确认书。2022 年 5 月，当事人之间的金融借款合同纠纷案件得以高效审结[4]。

需要注意的是，立法规定“当事人双方也可以约定”适用小额诉讼程

---

[1] 齐树洁：《小额诉讼：从理念到规则》，《人民法院报》2012 年 9 月 19 日。

[2] 2012 年修正民事诉讼法时，对小额诉讼程序的适用问题即采用此种观点。

[3] 《民事诉讼法》第一百六十五条第二款：基层人民法院和它派出的法庭审理前款规定的民事案件，标的额超过各省、自治区、直辖市上年度就业人员年平均工资百分之五十但在二倍以下的，当事人双方也可以约定适用小额诉讼的程序。

[4] 简易程序“瘦身”！九原区法院审结全市首例当事人约定适用“小额诉讼程序”案件，澎湃新闻网 https://www.thepaper.cn/newsDetail_forward_18035417，2022 年 10 月 11 日访问。

序。对于约定的具体方式，立法没有作出明确规定。一般而言，可以参照约定管辖的方式进行适用。在约定的时间上，既可以是当事人诉前约定适用，也可以是立案后当事人达成一致意向加以适用。在约定的具体形式上，既可以在合同中自愿约定，也可以签署书面同意文书、记入庭审笔录、在法院征求小额程序意见书上签字同意等方式予以约定。在约定的效力保障方面，法院对此应当将有关情况记录在案。如前所述，我国立法对小额诉讼程序的适用采用了强制加自愿约定的方式。为了提升司法资源有效利用和降低当事人诉讼成本，应当适用小额诉讼程序的案件，当事人不得选择排除适用。

三、小额诉讼程序的程序转化

符合小额诉讼程序构成要件的案件，都应当纳入小额诉讼程序进行审理，这是我国小额诉讼程序强制性立法在程序适用上的体现。如果当事人对此有异议，则可以依据《民事诉讼法》第一百六十九条第二款的规定，向受理案件的法院提出异议，异议成立的，适用简易程序或者普通程序；异议不成立的，裁定驳回❶。小额诉讼程序作为简易程序的特殊分支，在案件符合小额诉讼程序的规定时，则强制、优先适用小额诉讼程序予以审理。

在审理过程中，当事人提出异议，法院审查后认为或者法院审理时发现，该案不再符合小额诉讼程序审理要件的，则应当转为简易程序或者普通程序。小额诉讼程序转为简易程序或者普通程序后，不适用一审终审的制度规定，当事人对该案件享有上诉的权利。但是，对于何种情况下小额诉讼转为简易程序，何种情况下小额诉讼程序转为普通程序，民事诉讼法及相关的司法解释对此并未予以明确。一般而言，案件标的额超出小额诉

❶ 《民事诉讼法》第一百六十九条第2款：当事人认为案件适用小额诉讼的程序审理违反法律规定的，可以向人民法院提出异议。人民法院对当事人提出的异议应当审查，异议成立的，应当适用简易程序的其他规定审理或者裁定转为普通程序；异议不成立的，裁定驳回。

讼程序适用范围的简单民事案件，可以参照简易程序案件的适用范围“审理事实清楚、权利义务关系明确、争议不大的简单的民事案件”的规定，转为简易程序审理，其他案件则应当按照普通程序进行审理。

四、小额诉讼程序的救济途径

域外国家或者地区对小额诉讼程序的救济方面，一般实行一审终审，也有实行原则上一审终审及例外情形下允许提起上诉。在再审程序的设计上，大多数国家都是持肯定的做法。理想中的小额诉讼程序应当是高效率、低成本地实现司法救济并兼顾实体和程序公正，因此小额诉讼程序救济途径的设计尤为重要。我国小额诉讼程序立法之初，是否以及应当提供何种救济渠道，存在一定的争议。

一种观点认为，为了充分发挥小额诉讼程序经济、快捷的制度作用，不违背小额诉讼程序一审终审的制度设计，该类型的案件不得申请再审。另一种观点认为，为了更好地贯彻落实小额诉讼程序的法律属性，应当采用简化的上诉程序或者复核程序，当事人对此享有选择的权利。还有观点认为，基于小额诉讼程序的特殊性，应当采用一审终审和再审两者相结合的救济方式。但也有观点指出，为了更好地保障当事人的合法权益，应当采用一审终审的方式，赋予当事人对裁判享有申请复议或者异议的权利，同时规定如果裁判有事实或者法律错误的，当事人可以提起再审。

就审级利益而言，案件经历的审级越多，不仅诉讼消耗的程序时间较长，而且当事人的诉讼成本也会相对较高，尤其是我国一些农村地区距离中级人民法院较远，如果小额诉讼程序采用上诉的形式，势必会造成当事人诉讼成本的攀升。回归小额诉讼程序本身，该类案件不仅较为简单，而且诉讼标的额较小，为了较小的金额花费大量时间、人力、物力、精力和诉讼费用，显然不符合小额诉讼程序的基本特点和立法初衷。因此，《民事诉讼法》最终采用了小额诉讼程序实行一审终审的观点，

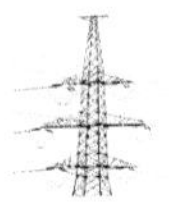

不允许当事人提出上诉，但同时也赋予该类案件的当事人享有向法院提出再审的权利。

第三节　电力民事纠纷小额诉讼程序的基本情况

以北京市基层法院适用小额诉讼程序案件为例，2013 年至 2015 年，北京市基层法院小额诉讼程序的案由，主要涉及供用电力、交通事故、民间借贷纠纷等七十多个案由。物业管理、供用热力、供用电力三类案由的结案数，占年度小额诉讼程序结案总数的 1/2～2/3。例如，物业管理、供用热力、供用电力三类案由 2013 年结案数占适用小额诉讼结案总数的 66. 7%，2014 年结案数量占适用小额诉讼结案总数的 53. 1%，2015 年 1 月至 5 月结案数量占适用小额诉讼结案总数的 58. 1%[1]。其中，2013 年供用电力合同纠纷结案数为 1330 件，占该年度结案总数的 15. 81%；2014 年供用电力合同纠纷结案数为 1829 件，占该年度结案总数的 15. 20%；2015 年供用电力合同纠纷结案数为 489 件，占该年度结案总数的 11. 42%。

在北京市基层法院适用小额诉讼程序案件中，主要诉讼主体为电力公司、物业公司和供热企业。小额诉讼程序的适用，有利于纠纷的迅速解决，保障原、被告双方的合法权益，能够使得双方当事人均感受到司法的便捷与效率。为了进一步研究电力公司纠纷适用小额诉讼程序的基本情况，笔者以“电力”“小额诉讼”作为关键词，在北大法宝司法案例库中共收集到样本案件 62 件。

1. 案由分布情况及分析

在梳理和汇总相关案例的基础上，可知电力民事诉讼案件的案由主要

---

[1] 陆俊芳、牛佳雯、熊要先：《我国小额诉讼制度运行的困境与出路：以北京市基层法院的审判实践为蓝本》，《法律适用》2016 年第 3 期，第 116 页。

分布如下：供用电合同纠纷 14 件，买卖合同纠纷 10 件，服务合同纠纷 7 件，机动车交通事故纠纷（侵权责任纠纷）6 件，劳动争议纠纷 4 件，民间借贷合同纠纷 4 件，对外追收债权纠纷（与破产有关的纠纷）4 件，房屋租赁合同纠纷 2 件，承揽合同纠纷 2 件，财产损害赔偿纠纷（物权纠纷）2 件，劳务合同纠纷 2 件，追索劳动报酬纠纷 2 件，其他如建设工程合同纠纷、诉讼代理合同纠纷、不当得利纠纷各 1 件。在电力公司涉及的 14 类不同案由民事诉讼中，供用电合同纠纷、买卖合同纠纷、服务合同纠纷占案件数量的 50%，其中供用电合同纠纷占 22.58%。电力公司涉诉案件中，有关供用电合同纠纷的案件数量相对于其他案由而言，数量上明显较多。从民事案由的一级目录上分析，合同类纠纷、准合同类纠纷共有 44 件，占比 70.97%。

2. 原、被告诉讼地位及分析

电力公司涉诉案件中，电力公司作为原告的案件 35 件，作为被告的案件 27 件。电力公司起诉的法律纠纷主要包括供用电合同纠纷、建设工程合同纠纷、民间借贷合同纠纷、承揽合同纠纷、买卖合同纠纷等。电力公司作为被告的案件中，主要涉及劳务合同纠纷、服务合同纠纷、借贷合同纠纷、财产损害赔偿纠纷、买卖合同纠纷、代理合同纠纷、机动车交通事故责任纠纷、服务合同纠纷以及追索劳动报酬等方面的纠纷。

3. 小额诉讼程序与简易程序、普通程序的转换情况及分析

小额诉讼程序转简易程序的基本情况为，法院立案庭立案时，根据繁简分流的处理原则，将符合小额诉讼立案程序的案件按照小额诉讼程序进行立案，后因出现法定事由，将小额诉讼程序转为简易程序。在 62 件样本案件中，有 8 件由小额诉讼程序转为简易程序，其法定事由包括：因涉案标的额超过 5 万元，原告当庭表示不同意适用小额诉讼程序❶；当事人争

❶ 参见四川省成都市青白江区人民法院民事判决书（2021）川 0113 民初 3018 号。

议较大❶；被告提出司法鉴定申请❷；被告下落不明、无法送达❸；原告变更、增加诉讼请求且追加被告参加诉讼❹。

司法实践中，小额诉讼程序转简易程序的适用，主要考虑了当事人对认定事实、适用法律争议是否较大，被告有无下落不明，是否存在无法送达以及增加变更诉讼请求导致不适用小额诉讼程序等情形。在上述案例中，由于存在小额诉讼程序转为简易程序的法定事由，因此法院采用裁定的方式作出了程序上的转化。

小额诉讼程序转普通程序的基本情况为，法院立案后发现采用小额诉讼程序审理的案件，因为出现法定事由已经无法继续适用简易程序予以审理，因此按照《民事诉讼法》的规定转为普通程序。在62件样本案件中，小额诉讼程序转为普通程序的案件仅有3件，转化的法定事由主要在于：案情复杂不宜适用小额诉讼程序❺；被告公司下落不明❻；被告自然人下落不明、无法联系，需公告向其送达起诉状副本、举证通知书及开庭传票等❼。

简易程序转化为小额诉讼程序的情形为，原被告之间的买卖合同纠纷，事实清楚、权利义务关系明确、争议不大，但是诉讼标的额超出了小额诉讼程序的刚性规定，因此法院在立案时，按照简易程序予以审理。后原、被告均同意选择小额诉讼程序审理，法院予以准许❽。我国小额诉讼程序的立法除了符合法定条件强制适用该程序的规定外，还赋予当事人合

---

❶ 参见河南省南乐县人民法院民事判决书（2021）豫0923民初440号。

❷ 参见黑龙江省牡丹江市阳明区人民法院民事判决书（2019）黑1003民初940号，以及北京市门头沟区人民法院民事裁定书（2021）京0109民初2356号。

❸ 参见江苏省苏州市相城区人民法院民事判决书（2020）苏0507民初2420号，以及福建省连江县人民法院民事判决书（2020）闽0122民初2417号。

❹ 参见湖北省武汉市洪山区人民法院民事裁定书（2020）鄂0111民初5278号。

❺ 参见安徽省黟县人民法院民事裁定书（2016）皖1023民初508号。

❻ 参见重庆市巴南区人民法院民事判决书（2019）渝0113民初16501号。

❼ 参见贵州省黄平县人民法院民事裁定书（2021）黔2622民初567号。

❽ 参见浙江省桐庐县人民法院民事判决书（2021）浙0122民初2043号。

意的选择权，当事人可以通过合意选择适用小额诉讼程序。

4. 小额诉讼程序的撤诉情况及分析

撤诉是当事人在法律规定的范围内行使处分权的一种具体体现。在庭审中，当事人提出符合法律规定的事由进而处分自己的民事权利和诉讼权利，法院应当予以准许，并用裁定方式准许当事人撤回起诉，法院裁定的作出也预示着本次诉讼程序的终结。在 62 件样本案件中，原告撤回起诉的案件有 21 件，占小额诉讼程序总案件数的 33.87%。原告撤回起诉的法定事由主要有：原、被告双方达成和解[1]；原告需要进一步收集证据[2]；被告已履行合同[3]；原被告双方协商处理[4]；还有一部分裁定书中未明确说明撤回起诉的具体事由，仅说明原告自愿申请撤诉，是其真实意思的表示，应予准许[5]。

适用小额诉讼程序的案件，就案件本身的属性而言，均属于事实清楚、权利义务关系明确、争议不大的民商事纠纷，加上小额诉讼程序制度对有关诉讼标的额的刚性规定，使得小额诉讼程序与适用简易程序、普通程序审理的案件相比，原告申请撤诉的概率也会相对更高一些。

---

[1] 参见上海市奉贤区人民法院民事裁定书（2017）沪 0120 民初 13702 号。

[2] 参见上海市崇明县人民法院民事裁定书（2013）崇民一（民）初字第 4006 号。上海市崇明县人民法院民事裁定书（2013）崇民一（民）初字第 4013 号。上海市崇明县人民法院民事裁定书（2013）崇民一（民）初字第 4007 号。上海市崇明县人民法院民事裁定书（2013）崇民一（民）初字第 4008 号。上海市崇明县人民法院民事裁定书（2013）崇民一（民）初字第 4005 号。上海市崇明县人民法院民事裁定书（2013）崇民一（民）初字第 4017 号。上海市崇明县人民法院民事裁定书（2013）崇民一（民）初字第 4010 号。上海市崇明县人民法院民事裁定书（2013）崇民一（民）初字第 4012 号。上海市崇明县人民法院民事裁定书（2013）崇民一（民）初字第 4009 号。上海市崇明县人民法院民事裁定书（2013）崇民一（民）初字第 4011 号。

[3] 参见上海市奉贤区人民法院民事裁定书（2018）沪 0120 民初 3486 号。

[4] 参见上海市闵行区人民法院民事裁定书（2016）沪 0112 民初 11636 号。

[5] 参见重庆市石柱土家族自治县人民法院民事裁定书（2019）渝 0240 民初 5292 号。上海市奉贤区人民法院民事裁定书（2017）沪 0120 民初 4787 号。上海铁路运输法院民事裁定书（2015）沪铁民初字第 342 号。海市松江区人民法院民事裁定书（2021）沪 0117 民初 11651 号。上海市奉贤区人民法院民事裁定书（2019）沪 0120 民初 17367 号。上海市金山区人民法院民事裁定书（2014）金民二（商）初字第 2045 号。

5. 被告未答辩缺席审判的情况及分析

在62件样本案件中，有15件案件的被告未提交答辩状，也未参加开庭审理，法院作出了缺席判决❶。例如，“原告播州区龙坑鑫欣电力物资经营部与被告唐某立买卖合同纠纷”一案，被告唐某立未到庭参加诉讼，法院依法进行缺席审理❷。又如，“原告广东大峡谷旅游发展有限公司与被告广东斯量电力有限公司服务合同纠纷”一案，被告广东斯量电力有限公司未答辩，经法院合法传唤无正当理由拒不到庭参加诉讼，法院依法作出缺席判决❸。再如，“原告黄某国与被告江苏龙威电力设备有限公司、鞠某桥民间借贷纠纷”一案，被告江苏龙威电力设备有限公司、鞠某桥不仅未答辩亦未举证，且经法院合法传唤无正当理由拒不到庭参加诉讼，法院作出的判决支持原告的诉讼请求❹。

上述案件中，针对被告方不答辩、不举证亦不参加庭审的行为，法院认为该种情形是被告对自己答辩、抗辩、举证、参加庭审等诉讼权利的放弃，由此产生的不利法律后果由当事人自行承担，据此法院依法缺席判决。被告不答辩、不举证亦不参加庭审，可能与被告自知理亏有关，也可能对原告提出诉讼请求的标的额过小，被告认为没有必要委托诉讼代理人参加诉讼而额外支出诉讼费等原因有关。不论出于何种因素的考虑，被告经法院合法传唤而拒不出庭的行为，可视为向法院声明放弃自己的诉讼权利，这不仅不利于案件事实的认定，也不利于被告自身合法权益的保护。

6. 原告诉讼请求未获得法院支持的情况及分析

在62件样本案例中，仅有2件案件原告的诉讼请求未获得法院支持。例如，在一起财产损害赔偿责任案件中，原告季某起诉被告国网安徽省电

---

❶ 需要注意的是，《最高人民法院关于适用〈中华人民共和国民事诉讼法〉的解释》第一百六十六条明确规定，一方下落不明的案件，不适用小额诉讼的程序。样本案件审理过程中，民事诉讼法及相关司法解释并未对小额诉讼程序缺席审判制度作出禁止性规定。

❷ 参见贵州省遵义市红花岗区人民法院民事判决书（2021）黔0302民初9615号。

❸ 参见广东省乳源瑶族自治县人民法院民事判决书（2020）粤0232民初996号。

❹ 参见江苏省泰兴市人民法院民事判决书（2019）苏1283民初504号。

力有限公司阜阳市城郊供电公司，要求其承担偿责任。原告的事实和理由如下：2017 年，被告工作人员未经原告同意，擅自在原告家的电表箱安装滤坡器装置，安装过程中因被告工作人员的不当操作，导致原告家中电路突发故障，大量电器设备烧坏、毁损，造成一定损失。双方协商不成，原告诉至法院，要求被告承担损害赔偿责任。按照《最高人民法院关于适用〈中华人民共和国民事诉讼法〉的解释》有关“谁主张、谁举证”的一般民事诉讼证明责任分配规则，本案属于一般侵权案件，因此原告应当对被告工作人员安装滤坡器的行为、被告的主观过错、安装滤坡器与发生火灾之间的因果关系、财产损害的具体数额等基本事实承担证明责任。本案原告之所以败诉，最关键的原因在于原告对一般侵权责任的基本事实没有证据予以充分证明，应承担举证不能的法律后果，法院最终驳回其全部诉讼请求❶。

又如，在原告福州亿力电力工程有限公司与被告青岛世纪瑞德电力能源技术有限公司合同纠纷一案中，2011 年 9 月，青岛世纪瑞德电力技术能源有限公司（甲方）与连江县电力服务公司（乙方）签订《连江县电力工程建设管理委托合同》，约定由乙方为甲方指定的配电工程调试设备，工程总价款为 3.5 万元。2015 年，连江县电力服务公司名称变更为连江县捷能电力服务有限公司，后被福州亿力电力工程有限公司兼并，并于 2018 年 11 月 15 日注销。连江县电力服务公司（后改名为连江县捷能电力服务有限公司）被本案原告合并，法人合并后其权利和义务由合并后的法人享有和承担，因此原告可以基于连江县电力服务公司与被告签订的《连江县电力工程建设管理委托合同》主张权利。

原告起诉要求被告支付工程款，根据证明责任的分配规则，原告应该对案涉工程的竣工验收、交接、结算等情况提供证据予以举证。本案中，原告仅依据《连江县电力工程建设管理委托合同》主张工程款，其提出的证据不足以证明被告存在拖欠工程款的行为。因此，本案诉未获得法院支

❶ 参见安徽省阜阳市颍泉区人民法院民事判决书（2018）皖 1204 民初 930 号。

持，原告的诉讼请求被法院驳回。《民事诉讼法》第六十七条❶、《最高人民法院关于适用〈中华人民共和国民事诉讼法〉的解释》第九十条、第九十一条❷以及《最高人民法院关于民事诉讼证据的若干规定》第二条❸等，明确规定了证明责任及其具体分配规则，前述案例中的原告是负有证明责任的当事人，理应对其主张的法律关系是否存在提供充分的证据予以证明，但是原告因举证不能而败诉。

7. 小额诉讼程序的反诉情况及分析

在62件样本案例中，仅有1件小额诉讼案件中被告提出了反诉的请求。在原告（反诉被告）南京霆牧电力技术有限公司（以下简称霆牧公司）与被告（反诉原告）方某杰房屋租赁合同纠纷一案中，原告霆牧公司要求被告返还租金及押金，对此被告提出反诉，要求原告支付房屋租金及违约金❹。法院认定双方的租赁合同解除，被告应当返还押金；反诉原告的诉请没有事实和法律依据不予支持。

---

❶ 《民事诉讼法》第六十七条：当事人对自己提出的主张，有责任提供证据。当事人及其诉讼代理人因客观原因不能自行收集的证据，或者人民法院认为审理案件需要的证据，人民法院应当调查收集。人民法院应当按照法定程序，全面地、客观地审查核实证据。第六十八条第一款：当事人对自己提出的主张应当及时提供证据。

❷ 《最高人民法院关于适用〈中华人民共和国民事诉讼法〉的解释》第九十条：当事人对自己提出的诉讼请求所依据的事实或者反驳对方诉讼请求所依据的事实，应当提供证据加以证明，但法律另有规定的除外。在作出判决前，当事人未能提供证据或者证据不足以证明其事实主张的，由负有举证证明责任的当事人承担不利的后果。第九十一条：人民法院应当依照下列原则确定举证证明责任的承担，但法律另有规定的除外：（一）主张法律关系存在的当事人，应当对产生该法律关系的基本事实承担举证证明责任；（二）主张法律关系变更、消灭或者权利受到妨害的当事人，应当对该法律关系变更、消灭或者权利受到妨害的基本事实承担举证证明责任。

❸ 《最高人民法院关于民事诉讼证据的若干规定》第二条：人民法院应当向当事人说明举证的要求及法律后果，促使当事人在合理期限内积极、全面、正确、诚实地完成举证。当事人因客观原因不能自行收集的证据，可申请人民法院调查收集。

❹ 参见江苏省南京市江宁区人民法院民事判决书（2019）苏0115民初2584号。需要注意的是，《最高人民法院关于适用〈中华人民共和国民事诉讼法〉的解释》（2022修正）第一百六十六条明确规定，当事人提出反诉的案件，不适用小额诉讼程序。本案审理时，民事诉讼法及相关司法解释未就小额诉讼程序的反诉制度作出禁止性规定。

本案是在2019年期间立案审理的，当时生效的民事诉讼法及其司法解释没有对小额诉讼程序适用反诉制度作出禁止性的规定。因此，被告提起的关联案件，只要符合基于相同法律关系，或者诉讼请求之间具有因果关系，又或者诉讼请求之间基于相同事实，就享有向审理本诉的法院提起反诉的权利。但需要注意的是，《最高人民法院关于适用〈中华人民共和国民事诉讼法〉的解释》已经明确规定当事人提出反诉的案件，不得适用小额诉讼程序进行审理。

8. 小额诉讼程序的再审情况及分析

在62件样本案例中，有1件小额诉讼程序的当事人提起了再审请求。再审申请人（原审被告）河北盛淼安全技术工程有限公司南京分公司（以下简称盛淼公司）因与被申请人（原审原告）南京裕浩智能电力科技有限公司（以下简称裕浩公司）劳务合同纠纷一案，不服（2019）苏0114民初4796号民事判决，向江苏省南京市雨花台区人民法院申请再审[1]。

小额诉讼程序设立的初衷在于及时快速解决简单的民事案件，因此在设置小额诉讼审级时，立法采用的是“一审终审”的程序限制原则。在“一审终审”程序限制的救济渠道上，德国民事诉讼法规定当事人在特定条件下可以提出上诉申请[2]；日本法院则允许当事人在判决作出后一定期限内向原审法院提出异议申请[3]，由原审法院作出重新审理或者驳回申请的决定[4]。与上述两种小额诉讼程序救济模式不同，我国立法采用的是特

---

[1] 参见江苏省南京市雨花台区人民法院民事裁定书（2020）苏0114民申5号。

[2] “对于涉案金额不足600欧元但所涉及的法律问题具有原则意义，或者为保障司法统一需要的，允许当事人提出上诉，由原审法院作出决定。”参见汉斯-约阿希姆·穆泽拉克：《德国民事诉讼法基础教程》，周翠译，中国政法大学出版社2005年版，第299-300页。

[3] “1996年《日本民事诉讼法典》的规定，当事人在判决书送达后的两周内可以向作出判决的裁判所提出异议。若异议合法成立，则案件适用普通程序，从法庭辩论阶段重新展开审理。”参见张卫平、齐树洁：《日本民事诉讼法典》，曹云洁译，厦门大学出版社2017年版，第102页、第465-468页。

[4] 于涛、刘新星：《小额诉讼程序改革的法理审视与制度完善》，《云南民族大学学报（哲学社会科学版）》2022年第4期，第156-157页。

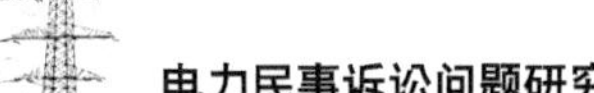

殊救济模式，即审判监督救济。根据我国民事诉讼法的规定，再审程序的启动需要符合“有新的证据，足以推翻原判决、裁定的”等十三项法定事由。原审法院适用小额诉讼程序对盛淼公司与裕浩公司之间的劳务合同纠纷进行审理，本案当事人不服一审判决，只能通过再审程序进行救济。

第四节　电力民事纠纷小额诉讼程序案例分析

一、小额诉讼程序转为简易程序、普通程序案例分析

2012 年《民事诉讼法》规定了小额诉讼程序的适用范围[1]，但是未提及小额诉讼程序的转化问题，使得实践中小额诉讼程序转化存在适用不一致问题。《最高人民法院关于适用〈中华人民共和国民事诉讼法〉的解释》（2015 年修正）第二百八十条明确了小额诉讼程序转化的适用条件[2]，即增加或者变更诉讼请求、提出反诉、追加当事人等事由导致案件不符合小额诉讼程序案件条件的，转为简易程序或者普通程序。2020 年以及 2022 年修正《最高人民法院关于适用〈中华人民共和国民事诉讼法〉的解释》时，一致沿用了 2015 年修正的《最高人民法院关于适用〈中华人民共和

---

[1] 《民事诉讼法》（2012 年修正）第一百六十二条：基层人民法院和它的派出法庭审理符合本法第一百五十七条第一款规定的简单的民事案件，标的额为各省、自治区、直辖市上年度就业人员年平均工资百分之三十以下的，实行一审终审。

[2] 《最高人民法院关于适用〈中华人民共和国民事诉讼法〉的解释》（2015 年修正）第二百八十条：因当事人申请增加或者变更诉讼请求、提出反诉、追加当事人等，致使案件不符合小额诉讼案件条件的，应当适用简易程序的其他规定审理。前款规定案件，应当适用普通程序审理的，裁定转为普通程序。

国民事诉讼法〉的解释》有关小额诉讼程序转化的具体规定❶。

一是增加❷、变更诉讼请求❸，追加当事人❹。

---

❶ 《最高人民法院关于适用〈中华人民共和国民事诉讼法〉的解释》(2020年修正) 第二百八十条：因当事人申请增加或者变更诉讼请求、提出反诉、追加当事人等，致使案件不符合小额诉讼案件条件的，应当适用简易程序的其他规定审理。前款规定案件，应当适用普通程序审理的，裁定转为普通程序。

《最高人民法院关于适用〈中华人民共和国民事诉讼法〉的解释》(2022年修正) 第二百七十八条：因当事人申请增加或者变更诉讼请求、提出反诉、追加当事人等，致使案件不符合小额诉讼案件条件的，应当适用简易程序的其他规定审理。前款规定案件，应当适用普通程序审理的，裁定转为普通程序。

❷ 在实践中，电力公司需要注意在诉讼中增加诉讼请求这一诉请提出的时间要件。《最高人民法院关于适用〈中华人民共和国民事诉讼法〉的解释》第二百三十二条：在案件受理后，法庭辩论结束前，原告增加诉讼请求，被告提出反诉，第三人提出与本案有关的诉讼请求，可以合并审理的，人民法院应当合并审理。民事诉讼法、民事诉讼证据规定等立法未对当事人增加诉讼请求的时间进行规定，因此根据民诉法司法解释的要求，当事人应当在案件受理后、法庭辩论结束前增加诉讼请求。

❸ 民事诉讼法、民事诉讼法司法解释没有对当事人变更诉讼请求的期间进行规定，民事诉讼证据规定有类似的规定可以作为参考。《最高人民法院关于民事诉讼证据的若干规定》第五十三条规定，诉讼过程中，当事人主张的法律关系性质或者民事行为效力与人民法院根据案件事实作出的认定不一致的，人民法院应当将法律关系性质或者民事行为效力作为焦点问题进行审理。但法律关系性质对裁判理由及结果没有影响，或者有关问题已经当事人充分辩论的除外。存在前款情形，当事人根据法庭审理情况变更诉讼请求的，人民法院应当准许并可以根据案件的具体情况重新指定举证期限。根据"当事人根据法庭审理情况变更诉讼请求"的规定，可以推定当事人在法庭审理过程中可以变更诉讼请求。法庭审理过程应当指的是《民事诉讼法司法解释》第二百三十二条规定的案件受理后、法庭辩论结束前的期间。如此，增加诉讼请求与变更诉讼请求的期间是一致的。

❹ 《民事诉讼法》第一百三十五条：必须共同进行诉讼的当事人没有参加诉讼的，人民法院应当通知其参加诉讼。《最高人民法院关于适用〈中华人民共和国民事诉讼法〉的解释》第七十三条：必须共同进行诉讼的当事人没有参加诉讼的，人民法院应当依照民事诉讼法第一百三十五条的规定，通知其参加；当事人也可以向人民法院申请追加。人民法院对当事人提出的申请，应当进行审查，申请理由不成立的，裁定驳回；申请理由成立的，书面通知被追加的当事人参加诉讼。《民事诉讼法》及其司法解释规定了法院依职权发出追加通知和当事人申请追加两种模式，但是没有规定追加当事人的具体时间。在实践中，一般做法是：追加被告的最后期限是案件受理后、法庭辩论终结前；必须共同进行诉讼的当事人没有参加诉讼的，人民法院应当在第一次开庭前通知其参加诉讼；当事人增加、变更诉讼请求或者提起反诉的，应当在举证期限届满前提出。

2020年，原告诉被告国网湖北电力实业有限公司等劳动争议纠纷一案，法院立案后适用小额诉讼程序进行审理，但是因为原告增加、变更诉讼请求以及追加当事人，不再适宜小额诉讼程序，案件最终转为简易程序。庭审过程中，原告变更诉讼请求，要求按照《劳动合同法》补偿10年工龄工资3万元；原告增加诉讼请求，要求被告支付未签订劳动合同期间的双倍工资12万元以及违法解除劳动关系赔偿金3万元；原告追加被告国网湖北省电力服务中心参加诉讼❶。

原告增加、变更诉讼请求后，本案诉讼标的额超出了立法有关小额诉讼程序诉讼标的额的刚性规定。在庭审过程中，原告追加国网湖北省电力服务中心为被告的诉讼行为，也使得本案不再符合小额诉讼程序的审理规定。根据立法的规定，原告增加、变更诉讼请求，且追加当事人的行为，直接导致本案不符合小额诉讼程序的审理要件。因此，基于原告的上述诉讼行为，法院根据《最高人民法院关于适用〈中华人民共和国民事诉讼法〉的解释》有关小额诉讼程序转化的规定，将案件从小额诉讼程序转为简易程序后，公开开庭进行了审理。

二是当事人提出反诉。2019年，原告南京霆牧电力技术有限公司（以下简称霆牧公司）起诉要求判令被告返还租金3000元及押金7700元，合计10700元。原告诉称，2017年5月，其与被告签订房屋租赁合同，给付押金2700元。合同到期后，被告未返还此押金。同年11月，原告因使用案涉房屋地址注册公司，向被告支付押金5000元，约定公司注销后被告有义务返还押金。后该公司注销但是被告未返还押金。2018年5月，原、被告又签订房屋租赁合同，约定被告继续承租案涉房屋，租金为每月3000元。合同签订后，原告支付房租至2018年12月31日。后因经营需要，原告于2018年10月底联系被告，向被告告知原因并提出解除租赁合同。2018年10月，原告搬离案涉房屋，与被告完成交接后，被告让原告将房屋钥匙交于房屋中介处。原告多次向被告催要剩余租金及押金，被告至今

❶ 参见湖北省武汉市洪山区人民法院民事判决书（2020）鄂0111民初5278号。

未付，遂诉至法院。被告辩称，2018 年 11 月原告打电话告知不再租赁房屋，但是其并未同意解除合同。因此被告提出反诉，要求本诉原告支付 2018 年 12 月 31 日至 2019 年 2 月 21 日期间的租金共计 8000 元，并要求本诉原告承担 7200 元违约金❶。

本案按照小额诉讼程序进行审理后，被告提出了反诉，从诉讼标的额而言，并未超出小额诉讼程序的适用标准。小额诉讼程序中当事人是否有权利提出反诉，需要了解立法的具体规定。2015 年修正的《民事诉讼法解释》第二百七十五条，以及 2020 年修正的《最高人民法院关于适用〈中华人民共和国民事诉讼法〉的解释》第二百七十五条，明确了人身关系、财产确权纠纷，涉外民事纠纷，知识产权纠纷，需要评估、鉴定或者对诉前评估、鉴定结果有异议的纠纷四大类案件，不得适用小额诉讼程序审理。2012 年和 2017 年修正《民事诉讼法》时，对小额诉讼程序的立法规定较为原则，未对不适用小额诉讼程序的案件予以明确。

2019 年，受案法院审理本案时，当时的立法没有禁止反诉在小额诉讼程序中的适用，因此受案法院综合考虑小额诉讼程序的强制性规定，以及立法有关不适用小额诉讼程序审理的案件范围等要素，同意当事人在小额诉讼程序中提起反诉，并将本诉和反诉合并审理。但是，2021 年修正的《民事诉讼法》，将“当事人提出反诉的案件”不适用小额诉讼程序❷，作为新的禁止性规定写入了立法。

鉴于《民事诉讼法》已经明确规定了“人身关系、财产确权案件”“涉外案件”“需要评估、鉴定或者对诉前评估、鉴定结果有异议的案件”

---

❶ 参见江苏省南京市江宁区人民法院民事判决书（2019）苏 0115 民初 2584 号。需要注意的是，《最高人民法院关于适用〈中华人民共和国民事诉讼法〉的解释》（2022 年修正）第一百六十六条明确规定，当事人提出反诉的案件，不适用小额诉讼的程序。本案审理时，民事诉讼法及相关司法解释未就小额诉讼程序的反诉制度作出禁止性规定。

❷ 《民事诉讼法》（2021 年修正）第一百六十六条：人民法院审理下列民事案件，不适用小额诉讼的程序：（一）人身关系、财产确权案件；（二）涉外案件；（三）需要评估、鉴定或者对诉前评估、鉴定结果有异议的案件；（四）一方当事人下落不明的案件；（五）当事人提出反诉的案件；（六）其他不宜适用小额诉讼的程序审理的案件。

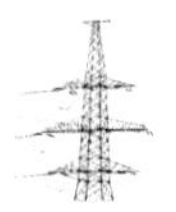

“一方当事人下落不明的案件”“当事人提出反诉的案件”五种类型的案件不适用小额诉讼程序。因此，2022年修正的《最高人民法院关于适用〈中华人民共和国民事诉讼法〉的解释》删除了有关人身关系、财产确权纠纷等不适用小额诉讼程序的规定。综上，2022年1月1日修正后的《民事诉讼法》施行以来，当事人在小额诉讼程序中提出反诉请求的，则案件应当转化为简易程序或者普通程序审理。

三是当事人争议较大、案情复杂。小额诉讼程序是简易程序的一种特殊程序，需要符合简单民事案件中有关“争议不大”这一要件。依法适用小额诉讼程序审理的案件，发现当事人之间争议较大的，则不再符合小额诉讼程序案件的审理要求，应当转为其他程序审理。

例如，2018年11月，原被告签订《施工合同》，约定被告将“南乐县东湖湿地、潴泷河河道水系景观项目配电工程”发包给原告施工，原告根据合同约定施工完毕，并通过供电部门验收，但被告未按约支付剩余的工程款。受案法院按照小额诉讼程序开庭审理，在庭审过程中，双方当事人对于“整体工程”的范围有争议。原告认为“整体工程”是指合同约定的“南乐县东湖湿地、潴泷河河道水系景观项目配电工程”，被告却认为此“整体工程”指的是“南乐县东湖湿地及潴泷河河道水系景观提升工程”。因为当事人对事实争议较大，受案法院将本案转为了简易程序进行审理[1]。

又如，在原告国网安徽省电力公司黟县供电公司诉被告黄山市金秋炭业有限公司供用电合同纠纷一案中，受案法院依法适用小额诉讼程序审理，但是法院审理后发现案情复杂，因此裁定转为普通程序[2]。在法院公开的裁定书中，仅用了一句“案情复杂”对程序转化的原因进行说明，并未解释案情复杂的具体情形。虽然法院未公布具体案情，但是基于小额诉讼程序的立法规定和基本法理，案情复杂的案件当事人之间一般争议也较大，权利义务关系很有可能存在争议，法院适时转为普通程序，有利于及

[1] 参见河南省南乐县人民法院民事判决书（2021）豫0923民初440号。

[2] 参见安徽省黟县人民法院民事裁定书（2016）皖1023民初508号。

时查清事实、正确适用法律。

四是当事人申请司法鉴定。民事诉讼法明确规定需要鉴定的案件不适用小额诉讼程序，因此在实践中，如果一方当事人在小额诉讼程序审理过程中提出鉴定申请的，则案件需要相应转化为简易程序或者普通程序审理。例如，在原告李某财与被告电视网络公司、电力供电公司财产损害赔偿纠纷一案中，法院适用小额诉讼程序予以审理，因为被告电视网络公司提出对信号线带电原因及电压值进行司法鉴定请求，受案法院裁定适用简易程序进行审理[1]。又如，在原告王某珂与被告北京隆基电力安装工程有限公司机动车交通事故责任纠纷一案中，法院依法适用小额诉讼程序，因为原告申请司法鉴定，本案不宜继续适用小额诉讼程序[2]。上述案件虽然因当事人申请司法鉴定而不符合小额诉讼程序审理的规定，但是因案件事实清楚、权利义务关系明确、争议不大，法院均裁定适用简易程序。

五是被告下落不明[3]。在小额诉讼程序中，一方当事人下落不明的，不仅需要公告送达诉讼法律文书，而且在事实、权利义务关系认定等方面也会存在一定的阻碍，此类案件需要视具体案情转为其他程序审理。法院立案后，因被告下落不明可将适用小额诉讼程序的案件转由按照简易程序审理。例如，在原告苏州白金汉爵大酒店有限公司（以下简称白金公司）与被告苏州新耀电力工程有限公司（以下简称新耀公司）餐饮服务合同纠纷一案中，原、被告签订客户签单协议书，协议约定：原告给予被告一定的协议优惠，被告享有在原告处消费签单挂账的权利，当月的消费账款在次月 25 日之前付款结清。被告在原告处共签单消费 20718 元，但到次月还款日未结清账款，后经原告多次索要无果。原告起诉至法院要求被告支付 20718 元、利息及律师费 3000 元。法院立案后，依法适用小额诉讼程

[1] 参见黑龙江省牡丹江市阳明区人民法院民事判决书（2019）黑 1003 民初 940 号。

[2] 参见北京市门头沟区人民法院民事裁定书（2021）京 0109 民初 2356 号。

[3] 《民事诉讼法》（2021 年修正）第一百六十六条：人民法院审理下列民事案件，不适用小额诉讼的程序：（四）一方当事人下落不明的案件。

序，因被告下落不明[1]无法送达，裁定将该案转为简易程序开庭审理[2]。

又如，在原告福州亿力电力工程有限公司与被告青岛世纪瑞德电力能源技术有限公司合同纠纷一案中，原告要求被告立即支付工程价款35000元。法院依法适用小额诉讼程序，诉讼过程中因被告青岛世纪瑞德电力能源技术有限公司需公告送达，依法转为简易程序，公开开庭进行了审理[3]。

一些案件因为被告下落不明的，法院将适用小额诉讼程序的案件转由按照普通程序审理。例如，在原告重庆曙巨电力设备有限公司（以下简称重庆曙巨公司）与被告上海筱楞贸易有限公司（以下简称上海筱楞公司）买卖合同纠纷一案中，法院按照小额诉讼程序立案，后因被告下落不明，不宜适用简易程序，本院依法转为普通程序，公开开庭进行了审理[4]。同样在原告邓某斌诉被告贵州长辉电力建设有限责任公司、孙某武劳务合同纠纷一案中，法院依法适用小额诉讼程序审理，在审理过程中，因被告孙某武下落不明，无法联系，需公告向其送达起诉状副本、举证通知书及开庭传票等，故本案转为普通程序[5]。在小额诉讼程序审理过程中，因法人或者自然人被告下落不明的，一些案件将小额诉讼程序转为简易程序，有一些案件则转为普通程序。在相关的民事裁定文书中，受案法院没有公开小额诉讼程序转为简易程序或者普通程序的事由。同样是被告下落不明的小额诉讼程序案件，为何一些法院将其转为简易程序审理，而另一些法院则转为普通程序审理，法院并未予以充分的释明。

结合民事诉讼法及其司法解释有关小额诉讼程序、简易程序和普通程序适用范围的规定，大致可以推定出法院将小额诉讼程序转为简易程序或者普通程序的法定标准。简言之，因被告下落不明的小额诉讼程序案件，

[1] 被告苏州新耀电力工程有限公司属于有限责任公司，此处被告下落不明，主要是指法定代表人下落不明，无法送达起诉状副本、开庭传票等材料。

[2] 参见江苏省苏州市相城区人民法院民事判决书（2020）苏0507民初2420号。

[3] 参见福建省连江县人民法院民事判决书（2020）闽0122民初2417号。

[4] 参见重庆市巴南区人民法院民事判决书（2019）渝0113民初16501号。

[5] 参见贵州省黄平县人民法院民事裁定书（2021）黔2622民初567号。

如果符合简易程序有关事实清楚、权利义务关系明确、争议不大的法定标准，则将该案件转为简易程序审理。如果不符合简易程序有关事实清楚、权利义务关系明确、争议不大的法定标准，则该案件应当转为普通程序。

六是当事人不同意适用小额诉讼程序。例如，原告四川国能电力环保设备制造有限公司（以下简称国能公司）与被告四川铭越环保设备有限公司（以下简称铭越公司）定作合同纠纷一案。2014 年 4 月，国能公司作为供方，与需方铭越公司签订《工矿产品订货合同》，约定由供方按照需方提供的图纸制造污水处理设备。原告按照约定制作完成并向被告供货，经结算后被告尚欠原告货款 5.9 万元❶。法院按照小额诉讼程序立案审理，因涉案标的额超过 5 万元，原告当庭表示不同意适用该种程序，而后受案法院依法口头裁定适用简易程序❷。

据了解，2021 年四川省城镇全部单位就业人员平均工资为 81420 元❸。根据受案时有关小额诉讼程序标的额为“各省、自治区、直辖市上年度就业人员年平均工资百分之三十以下”的法律规定❹，适用小额诉讼程序的案件标的额约为 2.5 万元；根据最高人民法院《关于印发〈民事诉讼程序繁简分流改革试点实施办法〉的通知》（法〔2020〕11 号）（以下简称《实施办法》）第五条有关“基层人民法院审理的事实清楚、权利义务关系明确、争议不大的简单金钱给付类案件，标的额为人民币五万元以下的，适用小额诉讼程序，实行一审终审”的规定。本案标的额为 5.9 万元，已经超出了小额诉讼程序 5 万元标的额的范围，且当事人明确表示反

❶ 据了解，2021 年四川省城镇全部单位就业人员平均工资为 81420 元。根据受案时尚有法律效力的民事诉讼法有关小额诉讼程序标的额为“各省、自治区、直辖市上年度就业人员年平均工资百分之三十以下”的规定，适用小额诉讼程序的案件标的额约为 2.5 万元。本案标的额为 5.9 万元，已经超出了小额诉讼程序强制适用的范围。

❷ 参见四川省成都市青白江区人民法院民事判决书（2021）川 0113 民初 3018 号。

❸ 2021 年四川全省城镇全部单位就业人员平均工资发布，四川观察 https://baijiahao.baidu.com/s?id=1733797472364681905&wfr=spider&for=pc，2022 年 10 月 9 日访问。

❹ 2021 年修正的《民事诉讼法》已经对适用小额诉讼程序案件的标的额进行了修改，具体规定可参见该法第一百六十五条。

对的，因此根据立法的规定，此案不应当适用小额诉讼程序审理。

二、简易程序转为小额诉讼程序案例分析

在原告桐庐佳韵氧气供应站与被告桐庐盛运环保电力有限公司买卖合同纠纷一案中，2019 年 1 月，原、被告经充分协商，签订一份产品购销合同，原告按约供给被告氧气等货物，但是被告未按约定支付 7 万元货款。本案为事实清楚、权利义务关系明确、争议不大的简单民事案件，但原、被告争议的标的额为 7 万元，已经超出了小额诉讼程序法定标的额的范围，原则上不应当适用小额诉讼程序。实际上，受案法院于 2021 年立案后，依法适用的是简易程序审理。因为考虑到案情较为简单、审理期限较短、诉讼费用等因素，原、被告双方均同意选择小额诉讼程序审理，法院则予以准许。

此案涉及简易程序转为小额诉讼程序问题，对此，最高人民法院《关于印发〈民事诉讼程序繁简分流改革试点实施办法〉的通知》（法〔2020〕11 号）（以下简称《实施办法》）予以了明确。《实施办法》第五条明确了“人民币五万元以上、十万元以下的简单金钱给付类案件，当事人双方约定适用小额诉讼程序的，可以适用小额诉讼程序审理”。[1]《实施办法》属于最高人民法院发布的司法解释，在本案审理期间具有法律效力，虽然本案标的额为 7 万元，但是完全符合《实施办法》有关当事人双方约定适用小额诉讼程序的规定。此外，2021 年修正的《民事诉讼法》第一百六十五条第二款明确规定“额度为各省、自治区、直辖市上年度就业人员年平均

---

[1] 最高人民法院《关于印发〈民事诉讼程序繁简分流改革试点实施办法〉的通知》（法〔2020〕11 号）第五条：基层人民法院审理的事实清楚、权利义务关系明确、争议不大的简单金钱给付类案件，标的额为人民币五万元以下的，适用小额诉讼程序，实行一审终审。标的额超出前款规定，但在人民币五万元以上、十万元以下的简单金钱给付类案件，当事人双方约定适用小额诉讼程序的，可以适用小额诉讼程序审理。适用小额诉讼程序审理的案件，人民法院应当向当事人告知审判组织、审理期限、审理方式、一审终审等相关事项。

工资百分之五十但在二倍以下的，双方协商或同意也可以适用”小额诉讼程序。可知，修正后的《民事诉讼法》已经大幅度提高了小额诉讼程序标的额的适用范围，在实践中将极大地发挥小额诉讼程序的制度功效。

需要注意的是，当事人双方可以在诉前约定适用小额诉讼程序，也可以在立案后原被告双方达成一致意见适用。例如，“桐庐佳韵氧气供应站与桐庐盛运环保电力有限公司买卖合同纠纷案”即是在法院按照简易程序立案后，双方当事人达成一致意见适用小额诉讼程序的典型案例。一般而言，在案件开庭审理前，受案法院应当充分告知当事人有关小额诉讼程序的适用原则、审理期限、一审终审等事项，应当充分征询当事人意见。如果当事人均同意适用小额诉讼程序的，为了保证小额诉讼程序的有效推进，原则上不允许当事人反悔。

三、普通程序转为小额诉讼程序

根据《最高人民法院关于适用〈中华人民共和国民事诉讼法〉的解释》（2022 年修正）第二百六十条有关“已经按照普通程序审理的案件，在开庭后不得转为简易程序审理”的规定[1]，仅禁止“开庭后”不得将普通程序案件转为简易程序；那么在开庭前，是不是可以将普通程序案件转为简易程序或者小额诉讼程序审理则没有进行明确。

法无禁止即为自由。根据《民事诉讼法》第一百六十五条第二款有关当事人约定适用小额诉讼程序的具体规定，可知立法没有禁止当事人选择适用小额诉讼程序，则应当尊重当事人的程序选择权，允许当事人在普通程序案件开庭审理前，选择适用小额诉讼程序。如果标的额超过了各省、

[1] 对于这个问题，2015 年和 2020 年修正的民事诉讼法司法解释的规定都是一致的。《最高人民法院关于适用〈中华人民共和国民事诉讼法〉的解释》（2015 年）第二百六十条：已经按照普通程序审理的案件，在开庭后不得转为简易程序审理。《最高人民法院关于适用〈中华人民共和国民事诉讼法〉的解释》（2020 年修正）第二百六十条：已经按照普通程序审理的案件，在开庭后不得转为简易程序审理。

自治区、直辖市上年度就业人员年平均工资二倍以上的，当事人双方不得约定适用小额诉讼程序，而只能转为普通程序审理。

四、小额诉讼程序反诉制度立法变迁及典型案例分析

反诉制度是本诉被告享有的针对本诉原告的重要诉讼权利，旨在部分或者全部抵消、吞并、排斥原告提出的诉讼请求，是当事人法律地位平等原则的重要体现。《民事诉讼法》《最高人民法院关于适用〈中华人民共和国民事诉讼法〉的解释》《最高人民法院关于民事诉讼证据的若干规定》等立法对反诉的提起时间、合并审理、构成要件等内容进行了较为明确的规定。

在反诉提起时间方面，1992 年《最高人民法院关于适用〈中华人民共和国民事诉讼法〉若干问题的意见》第一百五十六条规定，反诉应当在案件受理后、法庭辩论结束前提出。2002 年最高人民法院《关于民事诉讼证据的若干规定》第三十四条规定，当事人提起反诉的，应当在举证期限届满前提出。《最高人民法院关于适用〈中华人民共和国民事诉讼法〉的解释》（2015 年修正）第二百三十二条规定，反诉应当“在案件受理后，法庭辩论结束前”提出，后《最高人民法院关于适用〈中华人民共和国民事诉讼法〉的解释》（2022 年修正）继续沿用了此项规定。因此，电力企业涉诉时，应当在案件受理后、法庭辩论结束之前提出反诉请求。

在反诉与本诉合并审理方面，1991 年《民事诉讼法》第一百二十六条规定，被告提出反诉，可以合并审理。1992 年《关于适用〈中华人民共和国民事诉讼法〉若干问题的意见》第一百五十六条规定，被告提出反诉，可以合并审理的，人民法院应当合并审理。2007 年和 2012 年《民事诉讼法》又规定，被告提出反诉的，可以合并审理。《最高人民法院关于适用〈中华人民共和国民事诉讼法〉的解释》（2015 年修正）第二百三十三条规定，反诉符合立法规定的“人民法院应当合并审理”。2020 年和 2022 年

修正《最高人民法院关于适用〈中华人民共和国民事诉讼法〉的解释》时也沿用了此条规定❶。

在反诉构成要件方面，民事诉讼法司法解释从反诉与本诉的诉讼请求基于相同法律关系、诉讼请求之间具有因果关系、诉讼请求之间基于相同事实三个方面细化了反诉的构成要件，不仅有利于法院及时对反诉作出有效判断，也有利于当事人之间的争议通过一个审理程序得以快速解决。

2015 年和 2020 年修正《最高人民法院关于适用〈中华人民共和国民事诉讼法〉的解释》时，对人身关系、财产确权纠纷、涉外民事纠纷等不适用小额诉讼程序审理的案件类型进行了列举，但立法并未禁止当事人在小额诉讼程序审理过程中提出反诉❷。因此，在实践中，一些法院在适用小额诉讼程序中合并审理了当事人提出的反诉请求。例如，2019 年，江苏省南京市江宁区人民法院审理了一起涉及电力公司的小额诉讼程序反诉案件，即原告（反诉被告）南京霆牧电力技术有限公司与被告（反诉原

---

❶ 《最高人民法院关于适用〈中华人民共和国民事诉讼法〉的解释》（2020 年修正）第二百三十三条：反诉与本诉的诉讼请求基于相同法律关系、诉讼请求之间具有因果关系，或者反诉与本诉的诉讼请求基于相同事实的，人民法院应当合并审理。

《最高人民法院关于适用〈中华人民共和国民事诉讼法〉的解释》（2022 年修正）第二百三十三条：反诉与本诉的诉讼请求基于相同法律关系、诉讼请求之间具有因果关系，或者反诉与本诉的诉讼请求基于相同事实的，人民法院应当合并审理。

❷ 《最高人民法院关于适用〈中华人民共和国民事诉讼法〉的解释》（2015 年）第二百七十五条：下列案件，不适用小额诉讼程序审理：（一）人身关系、财产确权纠纷；（二）涉外民事纠纷；（三）知识产权纠纷；（四）需要评估、鉴定或者对诉前评估、鉴定结果有异议的纠纷；（五）其他不宜适用一审终审的纠纷。

《最高人民法院关于适用〈中华人民共和国民事诉讼法〉的解释》（2020 年）第二百七十五条：下列案件，不适用小额诉讼程序审理：（一）人身关系、财产确权纠纷；（二）涉外民事纠纷；（三）知识产权纠纷；（四）需要评估、鉴定或者对诉前评估、鉴定结果有异议的纠纷；（五）其他不宜适用一审终审的纠纷。

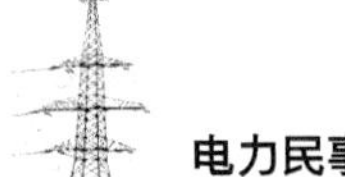

告）方某杰房屋租赁合同纠纷一案❶。本案本诉与反诉的诉讼请求基于相同法律关系，法院认为应当合并审理，因此在小额诉讼程序中适用反诉的立法规定进行了审理。但是值得关注的是，2021 年修正《民事诉讼法》时，对小额诉讼程序是否可以适用反诉制度做出了禁止性规定。《民事诉讼法》（2021 年修正）第一百六十六条第五项明确规定了“当事人提出反诉的案件”不适用小额诉讼程序❷。

❶ 原告起诉称，2017 年 5 月，其与被告签订《房屋租赁合同》一份，租赁期限自 2017 年 5 月至 2018 年 5 月止，租金每月 2700 元。合同签订后，原告支付被告押金 2700 元，合同到期后被告未将 2700 元押金退还给原告。后双方签订第二份《房屋租赁合同》，由被告继续承租案涉房屋，租期自 2018 年 6 月至 2019 年 5 月止，租金每月 3000 元。合同签订后，原告支付房租至 2018 年 12 月 31 日。后因经营需要，原告于 2018 年 10 月底联系被告，向被告告知原因解除租赁合同，并于 2018 年 10 月搬离案涉房屋，与被告完成交接后，被告让原告将房屋钥匙交于房屋中介处。原告多次向被告催要剩余租金及押金，被告至今未付。被告反诉原告拖欠房租，违反合同约定，根据双方合同约定按照年租金的 20% 计算违约金，被告应支付违约金。参见江苏省南京市江宁区人民法院民事判决书（2019）苏 0115 民初 2584 号。

❷ 《民事诉讼法》（2021 修正）第一百六十六条：人民法院审理下列民事案件，不适用小额诉讼的程序：（一）人身关系、财产确权案件；（二）涉外案件；（三）需要评估、鉴定或者对诉前评估、鉴定结果有异议的案件；（四）一方当事人下落不明的案件；（五）当事人提出反诉的案件；（六）其他不宜适用小额诉讼的程序审理的案件。

第五章

电力民事环境公益诉讼

第一节　电力企业的环境社会责任

一、企业社会责任概要

1923年，英国学者欧利文·谢尔顿最早提出了“企业社会责任”的概念，有关企业社会责任存在与否、责任类型及主要内容等一直是学界争论的对象[1]。随着社会责任理论研究的不断推进以及企业社会责任的持续践行，如今企业社会责任日益受到广泛关注，美国、英国、日本及我国等国家均尝试通过立法予以有效规范。

企业社会责任内涵的界定方面，主要有四种观点，分别是社会责任层级理论、企业公民理论、经济伦理学的社会责任理论和利益相关者理论。社会责任层级理论指出，社会责任之间存在递进关系，经济责任才是企业最基本的社会责任，之后才是承担法律责任和企业道德责任[2]。企业公民理论则将企业当作社会公民对待，视其为社会的一部分，不仅拥有社会公民的权益，也需要承担对社会的相应责任。经济伦理学的社会责任理论侧

[1] 李鑫：《法律视角的我国垄断企业社会责任实证研究与问题分析：基于石油、电力、通讯行业的现状》，《湖北社会科学》2015年第2期，第153页。

[2] 赵琼：《国外企业社会责任理论述评：企业与社会的关系视角》，《广东社会科学》2007年第4期，第172页。

重社会道德伦理责任，强调企业不能背离社会道德伦理的范畴，应当与社会道德伦理取向一致，不仅要符合公众的预期，也要与社会、环境等均衡发展❶。利益相关者理论认为，企业不仅对股东负有责任，也要对所有的利益相关者承担责任；企业不仅要处理好与股东之间的关系，也要处理好与其他利益相关者的关系。当前，学界普遍较为认同利益相关者理论的观点。

我国学者虽然研究企业社会责任的时间相对较短，但对企业社会责任的界定也形成了几种比较有代表性的观点。刘俊海认为，“所谓公司社会责任，是指公司不能仅以最大限度地为股东们营利或赚钱作为自己的唯一存在目的，而应当最大限度地增进股东利益之外的其他所有社会利益。这种社会利益包括雇员（职工）利益、消费者利益、环境利益、社会弱势群体及整个社会公共利益等内容，既包括自然人的人权尤其是《经济、社会及文化权利国际公约》中规定的社会、经济、文化权利（可以简称为社会权），也包括自然人之外的法人和非法人组织的权利和利益。其中，与公司存在和运营密切相关的股东之外的利害关系人（尤其是自然人）是公司承担社会责任的主要对象”❷。

卢代富认为，“所谓企业社会责任，乃指企业在谋求股东利润最大化之外所负有的维护和增进社会利益的义务”❸。他还进一步指出，企业社会责任包括对雇员的责任、对消费者的责任、对债权人的责任、对环境资源的保护与合理利用的责任、对所在社区经济社会发展的责任及对社会福利和社会公益事业的责任六种责任❹。

还有学者指出，从最简单的意义上理解，企业社会责任是企业除经济责任、法律责任之外的“第三种责任”，它是企业在社会领域内对自身行

❶ 李鑫：《法律视角的我国垄断企业社会责任实证研究与问题分析：基于石油、电力、通讯行业的现状》，《湖北社会科学》2015 年第 2 期，第 154 页。

❷ 刘俊海：《公司的社会责任》，法律出版社 1999 年版，第 6-7 页。

❸ 卢代富：《企业社会责任的经济学与法学分析》，法律出版社 2002 年版，第 96 页。

❹ 卢代富：《企业社会责任的经济学与法学分析》，法律出版社 2002 年版，第 101-104 页。

为后果的“回应义务”。企业社会责任最本质的特征在于它的“内生性”，即这种责任是由于企业在社会领域内的自身行为引起的必然结果，而非任何外来压力推促下的企业义务。企业的社会责任与经济责任、法律责任是同时存在的，且是企业必须承担的责任❶。台湾学者刘连煜也认为，“所谓企业社会责任者，乃指营利性的公司，于其决策机关确认某一事项为社会上多数人所希望者后，该营利性公司便应放弃营利之意图，俾符合多数人对该公司之期望”❷。

上述学者对有关企业社会责任内涵的界定，主要立足于利益相关者理论。虽然企业社会责任是一个含义较为模糊、范围很不确定的概念，关于企业社会责任的意涵也是众说纷纭、莫衷一是，但是从本质上而言，其大致要旨还是较为明确的。因为现在的企业，已被认为是一个多目标的社会机构，企业通过自由决定的商业实践以及企业资源的捐献来改善社区福利❸，而不再是如过去一样只是赚取利润的机器。据此，可将企业社会责任定义为企业为实现自身与社会的可持续发展，遵循法律、道德和商业原则，对利益相关者（雇员工、消费者、债权人、环境、政府等）所负的责任。企业社会责任是企业对利益相关者所负的责任，与经济责任等他种责任相比，具有以下几个方面的显著特征。

首先，企业社会责任的义务相对方涵盖了非股东利益相关者❹。债权关系、合同关系等法律关系中存在相对应的特定权利人，但是在企业社会责任权利人方面，却很难固定与责任相对应的特定权利人。正是这一点，既成为企业社会责任的独特本质属性，又成为很难揭示其责任内涵的原因之一。社会利益的主体是社会公众，侵犯社会利益也就是侵犯社会公众的利益。如果笼统地以社会公众作为企业社会责任的相对人，必然会因为责

❶ 李立清、李燕凌：《企业社会责任研究》，人民出版社2005年版，第30页。

❷ 刘连煜：《公司治理与公司社会责任》，中国政法大学出版社2001年版，第66页。

❸ 菲利普·科特勒，南希·李：《企业的社会责任：通过公益事业拓展更多的商业机会》，姜文波等译，机械工业出版社2006年版，第2页。

❹ 王玲：《经济法语境下的企业社会责任研究》，中国检察出版社2008年版，第59-60页。

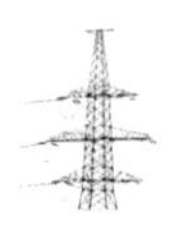

任（义务）相对方的不确定，而无法建立起落实企业社会责任的法律制度，从而使企业社会责任虚构化。

企业社会责任的倡导者认为，非股东利益相关者在企业中存在利害关系，故企业对他们的利益负有维护和保障之责，非股东利益相关者也便成为企业社会责任的相对方❶。企业对股东所负有的实现利润最大化责任属于企业经济责任，不归入企业社会责任的范畴，因此股东是企业经济责任的相对方，而非企业社会责任的相对方。

其次，企业社会责任是企业法律义务和道德义务的统一体。通常而言，责任包含一方主体基于他方主体的某种关系而负有的责任即第一性义务，还包括义务主体不履行责任所应当承担的否定性后果即第二性义务。依据学者的理解，第二性义务并未纳入企业社会责任这一范畴。企业社会责任中的“责任”仅指“第一性义务”（包括法律义务和道德义务），这在学界和实务界都是一个无可置辩的定论❷。就第一性义务而言，企业社会责任不仅要求企业负有不威胁、不侵犯社会公共利益的消极不作为义务，更要求企业应有维护和增进社会公共利益的积极作为义务，而后者才是企业社会责任的要旨所在。

这些积极义务和消极义务，既有法律层面的义务，也有道德层面的义务。例如，环境保护是企业的一项具体的社会责任，企业按照《环境保护法》规定的标准预防和治理环境污染，此为企业的法律义务；企业依照《环境保护法》的要求，以更为严格的标准来预防和治理环境污染，这是企业的道德义务。换言之，企业对社会的法律义务和道德义务统一存在于企业社会责任项下，共同构成完整的企业社会责任。

再次，企业社会责任是对传统的股东利润最大化原则的修正和补充。企业社会责任并不否认股东利润最大化原则，其主旨在于以企业的二元目标代替传统的一元企业目标。传统的企业和企业法以股东利益为出发点，

---

❶ 卢代富：《企业社会责任的经济学与法学分析》，法律出版社2002年版，第97-98页。

❷ 卢代富：《企业社会责任的经济学与法学分析》，法律出版社2002年版，第97页。

认为最大限度地盈利从而实现股东利润最大化是企业最高的、唯一的目标。企业社会责任以社会利益为出发点，认为企业的目标并非唯一而应该是二元的，除实现股东利益以外，还应当尽可能地维护和增进社会公共利益。

对企业而言，股东利益和社会利益任一目标都受到另一目标的约束，二者在相互制约的条件下实现各自的最大化，企业在目标上便能够达到一种均衡状态。"对社会负责并非意味着企业必须放弃其传统的经济使命，也不意味着对社会负责的企业比社会责任感相对较差的企业不具有相同的盈利能力。社会责任要求企业在可获得利益与取得利益的成本之间进行权衡"❶。

最后，企业社会责任既有自律性也有他律性。学者艾尔斯和沃顿（Eells，Walton）提出责任中包括了自律性及本质上的他律性及必然性，亦为企业社会概念的另一特质❷。社会公众当然期望企业能够自律，自觉自愿地、主动地承担社会责任，这样成本最低。然而，企业社会责任并不强调单纯的自律或他律，大多数会通过遵守企业伦理规范体现社会责任的履行。例如，勇于承担社会责任的企业表现为，在其经营过程中主动承担社会责任、遵守企业伦理规范。也就是说，由于考虑到不负责任的不道德行为迟早会招致利益相关者不同程度、不同形式的"报复"，可能会降低企业的获利能力，所以从经济利益的角度考虑，不愿承担社会责任的企业也可能会遵守社会责任及相应的伦理规范。

从某种意义上而言，企业能够做到遵守伦理规范就已经足够了，因为要判断某一特定企业行为的真正动机是否完全出于社会责任感是不易的。只要某一特定企业行为有利于增进社会利益，无论企业对社会责任的认识是工具主义的态度，还是价值主义的态度，都应当认为企业已经承担了其

---

❶ JAMES E. POST，William C. Frederick，Anne T. Lawrence and James Weber，Business and Society：Corporate Strategy Public Policy，Ethics（Eighth Edition），Mc Graw-Hill，1996，37.

❷ R. EELLS，C. C. Walton，Conceptual Foundations of Business，Third Edition，1974，260.

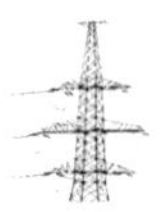

对社会的责任❶。

有关企业社会责任范围的探讨，可以从概念层次以及实证层次两个方面展开。在概念层次的类别分析方面，美国企业界人士及政治家组成的经济发展委员会（Committee for Economic Development，CED）认为企业社会责任的范围包含三层责任，这三层责任形成了三个同心圆。内圈责任，指基本的企业责任，即有效地执行经济功能，例如提供产品、劳务和经济成长；中圈责任，指配合社会价值之变化而运作经济功能的责任，例如顾及环境维护、满足顾客的知情权及保护顾客的安全；外圈责任，指积极投入改善社会环境的责任，这类责任通常是刚展露而尚未被确定的社会期望❷。

学者弗雷德里克（Frederick）将企业社会责任分为：强制性责任，即遵守政府法令规定的责任，例如防治污染、维护就业机会均等、保护工业安全、保护消费者；自愿性责任，包括慈善捐献，企业主动协助推展社区活动，提出解决国家和地方性问题的建议给政府作参考❸。学者卡罗尔（Carroll）则将企业社会责任分为四类责任：经济责任，指生产社会所需的商品及服务，并且以社会认为公平的价格售出，因而获取适当的利润以促使企业生存、成长及回报投资者；法律责任，指遵守用来规范企业活动的法律；伦理责任，指社会期望企业负责，但尚未能以法律来规范的责任；自我责任，指非法律要求以及社会期待的，而是企业自愿承担的责任❹。

在实证层次的项目分析方面，美国“经济发展委员会”（CED）在1971年对企业人士“就管理观点而言，哪些项目是企业社会投入的适当范围”进行调查，对此提出的一项调查报告，将企业社会责任项目归纳为：经济成长与效率、就业与训练、都市更新与发展、资源保护和创造、医疗

---

❶ 刘俊海：《公司的社会责任》，法律出版社1999年版，第9页。

❷ CED. Social Responsibilities of Business Corporations，New York：Committee for Economic Development，1971，51.

❸ FREDERICK，W. C. Corporate Social Responsibility in the Reagan Era and Beyond. California Management Review，1983，25：151.

❹ CARROLL，A. B. Business and Societh. Boston：Liattle，Brown and Company，1981.

服务、教育、污染防治、文化和艺术、政府以及公民权和机会平等。1975年，特里兹（Trends）将表现良好的壳牌（Shell）石油公司为执行“社会表现指南”（Social Performance Guidelines）制定的八项内容作为社会责任范围的参考。具体内容为：消费者关系、环境保护、职业安全和卫生、员工发展、就业保障、少数民族及女性的机会平等、与企业的贡献者（constituents）沟通以及社区关系❶。学者葛朗宁在1979年亦整理出六十四项责任，并且将其归纳成十一种类别：生态及环境品质（污染）、消费者主义（产品和服务的品质）、社区需求（都市的衰落）、政府关系（支持慈善机构）、企业贡献（高生活成本）、经济活动（公司利润）、少数民族和残障者（女性及残障者失业问题）、劳工关系（工作的自我实现）、股东关系（垄断的企业）、沟通（雇用少数民族）和国家需求的研究发展（教育素质）❷。

1992年，社会责任商业联合会（Business for Social Responsibility，BSR）认为，企业的运营达到或超越社会对商业组织在道德、法律、商业和公众等方面的期望为企业社会责任。其内容包括：员工关系、创造及维持就业机会、投资于社区活动、环境管理以及经营业绩等❸。2003年，世界经济论坛指出作为企业公民的社会责任包括四个方面：好的公司治理和道德标准、对人的责任、对环境的责任以及对社会发展的广义贡献❹。

概念层次的分类侧重于从理论高度概括社会责任的宏观类型，并将其概括为经济责任、法律责任、伦理责任等方面。实证层次的类型更加注重从企业生产、经营涉及的具体环节、领域、方面入手，较为直观地描述与企业有关的责任种类，有助于企业更好地担负起具体的社会责任。例如，

---

❶ TRENDS. Corporate Social Responsibility Precisely Befined At Shell. Nov-Dec., 1975, 18-19.

❷ GRUNING, J. E. A New Measure of Public Opinions on Corporate Social Responsibility. Academy of Management Journal, 1979, 22: 718-764.

❸ 转引自王晓、任文松：《多维法制视角下的企业社会责任》，中国社会科学出版社2012年版，第19页。

❹ 转引自王晓、任文松：《多维法制视角下的企业社会责任》，中国社会科学出版社2012年版，第19页。

20 世纪 90 年代初期，很多行业性、地区性、全国性以及国际性的组织纷纷制定社会责任守则，通过明确社会责任的具体类型和主要内容以便企业遵照执行。

二、电力企业的社会责任

20 世纪 80 年代，企业社会责任运动在西方发达国家兴起，从 90 年代开始伴随着经济全球化的发展，公司尤其是跨国公司开始把社会责任上升为公司战略，作为公司核心业务运作的重要组成部分。2000 年后，企业社会责任运动进入一个前所未有的蓬勃发展时期。社会责任的竞争成为公司尤其是跨国公司继价格、质量、服务、品牌竞争之后出现的新一轮国际竞争。

21 世纪初，随着我国市场经济体制的不断完善以及现代企业制度的深入推进，企业对于社会责任的认识也不断全面和深化。2006 年以来，我国企业社会责任受到广泛关注，进入了一个新的历史阶段，呈现出全社会参与、全面加速、全方位扩散的特征[1]。特别是当前，在中国特色社会主义市场经济体制不断完善的背景下，企业社会责任获得了党和国家以及社会越来越多的关注。

党的十八大以来，中国特色社会主义进入了新的发展阶段，党和国家对企业社会责任日益高度关注，企业社会责任逐步纳入全面深化改革大局。2013 年《中共中央关于全面深化改革若干重大问题的决定》指出："国有企业总体上已经同市场经济相融合，必须适应市场化、国际化新形势，以规范经营决策、资产保值增值、公平参与竞争、提高企业效率、增强企业活力、承担社会责任为重点，进一步深化国有企业改革。"党的文件第一次写入了企业社会责任，充分体现了党中央对企业履行社会责任的

---

[1] 参见 2013 年人民企业社会责任奖专家研讨会，中国社会科学院经济学部企业社会责任研究中心主任钟宏武发言，人民网 http://finance.people.com.cn/n/2013/1213/c371224-23834254.html，2022 年 10 月 21 日访问。

高度重视。2014 年，党的十八届四中全会首次提出“加强企业社会责任立法”。2015 年，党的十八届五中全会进一步指出，要“增强国家意识、法治意识、社会责任意识”。2017 年，党的十九大报告强调，要“强化社会责任意识、规则意识、奉献意识”。

为推动国有企业更好地履行社会责任，国务院国资委印发《关于国有企业更好履行社会责任的指导意见》，从“深化社会责任理念”“明确社会责任议题”“将社会责任融入企业运营”“加强社会责任沟通”“加强社会责任工作保障”五个方面，督促“企业积极履行社会责任，以遵循法律和道德的透明行为，在运营全过程对利益相关方、社会和环境负责，最大限度地创造经济、社会和环境的综合价值，促进可持续发展”[1]。可以说 21 世纪，积极主动履行社会责任已经成为全社会对企业的新期待。企业以履行社会责任为目标，不仅成为自身发展新的增长点，也有利于进一步推动经济社会高质量发展。我国企业在盈利的同时，也更加注重与人、环境、社会等方面保持必要的平衡，尤其是事关国计民生的电力企业在承担社会责任方面作出了示范和表率。

国家电网公司以投资建设运营电网为核心业务，是关系国家能源安全和国民经济命脉的特大型国有重点骨干企业，肩负着十分重要的政治责任、经济责任和社会责任。2005 年，国家电网公司向社会发布《国家电网公司 2005 社会责任报告》，这不仅是该公司发布的第一份社会责任报告，也是我国中央企业对外正式发布的第一份社会责任报告。

《国家电网公司 2005 年社会责任报告》对社会责任进行了界定，认为企业社会责任是企业对所有者、员工、客户、供应商、社区等利益相关者以及自然环境承担的责任，目的在于实现企业与经济社会可持续发展的协调统一。报告还明确了“实现公司和电网的科学发展”“不断提高公司经营效率和效益”“为经济社会发展提供坚强电力保障”“全面促进能源资源

[1] 参见国务院国有资产监督管理委员会文件，《关于国有企业更好履行社会责任的指导意见》国资发研究〔2016〕105 号。

优化配置”“持续为客户创造价值”“实现员工与公司共同发展”“服务创新型国家建设”“在合作共赢中推动电力工业可持续发展”“积极创造社会财富”“服务社会主义新农村建设”“服务资源节约型、环境友好型社会建设”“争当优秀企业公民”十二项企业社会责任❶。

从2005年首次公布社会责任报告以来，国家电网公司每年都会向社会发布企业社会责任报告并保持了央企最早最长发布纪录。2022年7月，国家电网公司发布第17次社会责任报告，即《国家电网有限公司2021社会责任报告》，向利益相关方和社会各界披露2021年国家电网公司全面履行政治、经济、社会“三大责任”的意愿、行为、绩效和承诺。

《国家电网有限公司2021社会责任报告》以“履责意愿、履责行为、履责绩效、履责承诺”为框架，围绕24个实质性议题，全面、真实、客观披露了国家电网公司推动可持续发展的实践❷。例如，在环境绩效方面。国家电网公司为贯彻落实党中央国务院关于做好“双碳”工作的意见和2030年前碳达峰行动方案，在优化完善公司行动方案和电网规划；引导新能源有序发展，服务沙漠戈壁荒漠大型风光基地开发，推进“新能源云”深化应用，提升一站式并网服务水平，聚焦全产业链延伸拓展“双碳”增值服务；着眼提高系统平衡调节能力，分类推动煤电机组灵活性改造和电网友好型新能源技术研发等❸方面取得了重要突破，成绩十分显著，充分体现了国家电网公司承担社会责任的意识和担当。

我国电力企业履行社会责任呈现出两方个面的特点：一方面，环境社会责任占据重要的比重，这是因为电力企业在生产过程中可能会对环境造成较为严重的损害，电力企业结合行业特点加强环境污染方面的防治，更能体现电力企业的社会责任感。另一方面，电力企业科技投入额巨大，例如2008年国家电网公司投入100亿元用于特高压直流输电、电网改造等项

❶ 国家电网公司：《国家电网公司2005社会责任报告》，中国电力出版社2006年版。

❷ 参见《国家电网发布2021社会责任报告》，中国电力新闻网 https://www.cpnn.com.cn/news/nyqy/202207/t20220725_1536526_wap.html，2022年10月19日访问。

❸ 参见《国家电网有限公司2021社会责任报告》。

目的科研工作[1]，不断增强电力企业服务社会的能力。

三、电力企业环境社会责任主要内容

经济高速发展与生态环境的保护之间如何实现有效平衡，一直是学界普遍关注的问题。近年来，全国各地环境“颜值”普遍提升，人民群众的生态环境获得感、幸福感、安全感显著增强[2]。其重要原因在于，党和国家以及企业对生态环境保护和经济发展的辩证统一关系的深刻认识和科学实践。一方面，生态环境保护和经济发展的目的是统一的，都是为了更好地满足人民群众对美好生活的向往，在更深层次上增进民生福祉。另一方面，生态环境保护和经济发展的内容是相辅相成的，可以相互进行转化。生态环境保护做得好，生态环境质量就能够得以有效改善，经济发展就能得到有效保障，经济发展的空间也会随之拓展。经济高质量发展，可以为生态环境保护、修复等提供坚实的物质基础，同时也可以为人民群众提供更加优质的生态产品。

电力企业不仅是经济发展的支柱产业，也是高耗能的企业，在生产经营过程中可能会排放一些有毒有害物质，会在一定程度上影响周边的生态环境。电力企业不仅需要满足市场需求，还应当负责资源和环境保护。因此，电力企业不仅需要提高生态环境意识，还应当积极履行电力企业环境责任，通过发电设备的升级换代以及采用高新技术有效控制有害物质的排放，发展绿色电力产业，增加绿色电力供给，节约资源、保护环境，促进社会经济和环境的可持续发展。

党和政府一直高度重视环境保护和污染处理问题。在党和国家政策制

---

[1] 李鑫：《法律视角的我国垄断企业社会责任实证研究与问题分析：基于石油、电力、通讯行业的现状》，《湖北社会科学》2015 年第 2 期，第 156 页。

[2] 曹红艳：《坚持经济发展与环境保护相向而行：访中国环境科学研究院院长李海生》，《经济日报》2021 年 6 月 12 日，中国经济网 https://baijiahao.baidu.com/s?id=1702340012672242898&wfr=spider&for=pc。

定和实施方面，2014 年《能源发展战略行动计划（2014—2020 年）》明确指出，要加快推动电力法的修订工作，加快电力体制改革步伐，逐步建立公平接入、供需导向、可靠灵活的电力输送网络。2021 年，国家发展改革委、国家能源局、财政部等发布的《“十四五”可再生能源发展规划》中明确指出，“加快构建新型电力系统，提升可再生能源消纳和存储能力，实现能源绿色低碳转型与安全可靠供应相统一”“推行‘揭榜挂帅’‘赛马制’等创新机制，提升新型电力系统稳定性可靠性”“加大新型电力系统关键技术研究与推广应用，提升系统智能化水平，创新高比例可再生能源、高比例电力电子装置的电力系统稳定理论、规划方法和运行控制技术，提升系统安全稳定运行水平”“强化绿证的绿色电力消费属性标识功能，拓展绿证核发范围，推动绿证价格由市场形成，鼓励平价项目积极开展绿证交易”。绿色电力进入了一个加速发展的重要时期。党的二十大报告指出，“生态环境保护任务依然艰巨”，明确要求“统筹水电开发和生态保护”。这是党中央对当前和今后一个时期环境治理和生态保护提出的新战略、新部署和新要求。

在立法方面，2005 年修订的《中华人民共和国公司法》（以下简称《公司法》）第五条首次将企业社会责任写入立法❶；2013 年、2018 年修正《公司法》时，仍然延续和完全保留了有关企业社会责任的条款。例如，2018 年修正后的《公司法》第五条再一次明确规定，“公司从事经营活动，必须遵守法律、行政法规，遵守社会公德、商业道德，诚实守信，接受政府和社会公众的监督，承担社会责任”。

除《公司法》外，《民法典》在总则篇中，也专门设置了企业“承担社会责任”的条款❷。《中华人民共和国电子商务法》（以下简称《电子商

❶ 《公司法》（2005 修订）第五条第一款：公司从事经营活动，必须遵守法律、行政法规，遵守社会公德、商业道德，诚实守信，接受政府和社会公众的监督，承担社会责任。

❷ 《民法典》第八十六条规定：“营利法人从事经营活动，应当遵守商业道德，维护交易安全，接受政府和社会的监督，承担社会责任”。

务法》)[1] 以及《中华人民共和国农民专业合作社法》(以下简称《农民专业合作社法》)[2] 等法律也在总则中规定了相应的条款。虽然立法并未对企业社会责任的具体内涵和外延进行阐释和说明，但是综合学界有关企业社会责任的一般界定，该社会责任包括本文所研究的环境社会责任。

在有关电力企业环境保护专业立法方面，2009 年，《中华人民共和国可再生能源法》的修正，为进一步发展可再生能源和环境保护奠定了法治基础。2012 年修正的《中华人民共和国清洁生产促进法》明确规定，发展电力需要注意清洁生产。2018 年修正后的《中华人民共和国循环经济促进法》第二十一条第一款、第二款规定："国家鼓励和支持企业使用高效节油产品。电力、石油加工、化工、钢铁、有色金属和建材等企业，必须在国家规定的范围和期限内，以洁净煤、石油焦、天然气等清洁能源替代燃料油，停止使用不符合国家规定的燃油发电机组和燃油锅炉。"上述规定，为促进循环经济发展，提高资源利用效率，保护和改善环境，实现可持续发展提供了法律依据和制度遵循。

就我国电力企业而言，电力企业的社会责任涉及公司治理、劳工权益、环境保护等诸多领域，其中环境责任是企业社会责任的重点领域，也是底线领域。我国一些电力企业也日益关注社会责任，承担环境保护责任。例如，香港中电集团（CLP）在环境管理方面，构建内部环境管理和外部环境管理相结合的全面环境责任管理体系，致力于全面改善社会与环境，促进自身和社会的可持续发展。2005 年，国家环保总局授予中电国华电力股份有限公司北京热电分公司等 21 家企业"国家环境友好企业"

---

[1] 《电子商务法》第五条：电子商务经营者从事经营活动，应当遵循自愿、平等、公平、诚信的原则，遵守法律和商业道德，公平参与市场竞争，履行消费者权益保护、环境保护、知识产权保护、网络安全与个人信息保护等方面的义务，承担产品和服务质量责任，接受政府和社会的监督。

[2] 《农民专业合作社法》第八条：农民专业合作社从事生产经营活动，应当遵守法律，遵守社会公德、商业道德，诚实守信，不得从事与章程规定无关的活动。

称号。

中电国华电力股份有限公司是国内电力行业率先持续关注和强调节能环保、资源节约的发电企业之一。该公司采用热电联产方式，热能实现了梯级利用，同时开发和运用了多项领先的环保技术，脱硫效率达到95%以上，有效减少了碳排放。2022年7月，国家电网有限公司发布了《国家电网有限公司2021社会责任报告》，在“推进碳达峰碳中和”章节中披露了公司“双碳”行动方案实施进展等践行环境社会责任的主要情况❶。

电力企业环境社会责任的评价指标体系涵盖经济、环境和社会三大责任领域，与此相对应，则涉及经济绩效指标、环境绩效指标和社会绩效指标三个方面。以环境绩效指标为例，一般包括提高能源和矿物燃料使用率、控制和减少二氧化碳的排放、投资可再生能源、制订环境保护计划和规划、减少公司运营对土地的污染、减少电磁场对周边环境的影响等。司法实践中，电力企业不履行或者不完全履行环境社会责任，要承担相应的法律后果。

随着世界范围内生态环境的不断恶化，电力企业的碳排放等环境责任问题得到了各国电力企业的普遍重视。例如，意大利国家电力公司（ENEL）在环境保护领域制定包含能源消耗、可再生材料使用、废弃物排放与处理等指标的衡量标准，推动企业社会责任的有效建设❷。1999年，该公司发表了践行社会责任的首份《环境报告》，向利益相关者充分介绍公司的环保政策、碳排放目标以及可持续发展计划等。

---

❶ 参见国家电网有限公司官网 http://www.sgcc.com.cn/html/sgcc_main/col2017031233/2022-07/21/20220721113652443472104_1.shtml，2022年9月29日访问。

❷ 桑庭晓：《绿色生态视野下电力企业的环境社会责任：基于浙江北仑发电厂的实践探索与分析》，《宁波经济（三江论坛）》2010年10期，第35页。

第二节 环境民事公益诉讼

民事公益诉讼涉及公共利益保护，受到中国法学理论界和司法实务界的广泛关注。2012 年修正的《民事诉讼法》第五十五条首次明确规定了公益诉讼制度❶。2013 修正的《中华人民共和国消费者权益保护法》第四十七条明确规定了消费者协会的公益诉权❷。2014 年修正的《中华人民共和国环境保护法》第五十八条明确规定了环保组织提起环境民事公益诉讼制度❸。但是，上述立法对环境民事公益诉讼的规定都较为原则，缺乏程序法上的可操作性。

2014 年 10 月，中共十八届四中全会通过的《关于全面推进依法治国若干重大问题的决定》中提出，探索建立检察机关提起公益诉讼制度。同年 12 月 8 日，最高人民法院审委会通过《关于审理环境民事公益诉讼案件适用法律若干问题的解释》；12 月 18 日，通过《关于适用〈中华人民共和国民事诉讼法〉的解释》。最高人民法院连续出台的两个司法解释，为法院审理环境民事公益诉讼案件提供了具有较强操作性的依据。此后，在修正《民事诉讼法》《环境保护法》《最高人民法院关于适用〈中华人民共和国民事诉讼法〉的解释》等立法时，对环境民事公益诉讼制度均进行了

❶ 《民事诉讼法》（2012 年修正）第五十五条：对污染环境、侵害众多消费者合法权益等损害社会公共利益的行为，法律规定的机关和有关组织可以向人民法院提起诉讼。

❷ 《中华人民共和国消费者权益保护法》第四十七条：对侵害众多消费者合法权益的行为，中国消费者协会以及在省、自治区、直辖市设立的消费者协会，可以向人民法院提起诉讼。

❸ 《中华人民共和国环境保护法》（2014 年修正）第五十八条：对污染环境、破坏生态，损害社会公共利益的行为，符合下列条件的社会组织可以向人民法院提起诉讼：（一）依法在设区的市级以上人民政府民政部门登记；（二）专门从事环境保护公益活动连续五年以上且无违法记录。符合前款规定的社会组织向人民法院提起诉讼，人民法院应当依法受理。提起诉讼的社会组织不得通过诉讼牟取经济利益。

完善。

从实体法保护而言，《民法典》第一千二百三十四条[1]明确了补植复绿生态环境修复方式，即违反国家规定造成生态环境损害，生态环境能够修复的，侵权人应当承担生态环境修复责任。《民法典》第一千二百三十五条[2]规定了侵权人应当承担的生态环境功能永久性损害造成的损失、生态环境损害调查、鉴定评估等费用的具体责任。《民法典》第一千二百三十四条和第一千二百三十五条为生态环境损害的救济提供了实体法依据，在实践中已有适用上述条款的相关案例[3]。

环境公益诉讼是为了维护环境公共利益而提起的诉讼。总体而言，我国环境公益诉讼的立法体系已经基本完成构建，相关诉讼案件也日渐增多。作为电力企业，在创造社会经济价值和效益的同时，也要兼顾社会公共利益，尽量避免经营活动给环境带来不良影响，否则检察机关、环保组织或消费者协会等均有权提起公益诉讼，追究相关企业破坏生态环境等方面的法律责任。电力企业环境社会责任在环境管理中的作用越来越重要。

近年来，有关电力企业环境社会责任的研究成果较为丰硕，主要集中

---

[1] 《民法典》第一千二百三十四条：违反国家规定造成生态环境损害，生态环境能够修复的，国家规定的机关或者法律规定的组织有权请求侵权人在合理期限内承担修复责任。侵权人在期限内未修复的，国家规定的机关或者法律规定的组织可以自行或者委托他人进行修复，所需费用由侵权人负担。

[2] 《民法典》第一千二百三十五条：违反国家规定造成生态环境损害的，国家规定的机关或者法律规定的组织有权请求侵权人赔偿下列损失和费用：（一）生态环境受到损害至修复完成期间服务功能丧失导致的损失；（二）生态环境功能永久性损害造成的损失；（三）生态环境损害调查、鉴定评估等费用；（四）清除污染、修复生态环境费用；（五）防止损害的发生和扩大所支出的合理费用。

[3] 例如，2021年1月贵州省毕节市中级人民法院一审公开开庭审理了我省首例环境污染民事公益诉讼案，当庭判决被告大方绿塘煤矿有限责任公司于判决生效后十五日内委托第三方着手实施对大方岔河水库下游河水和底泥造成的污染恢复原状，逾期未完成则承担环境修复费用42万余元，由毕节市生态环境局开展修复，并由公益诉讼起诉人贵州省毕节市人民检察院进行监督。一审宣判后，被告大方绿塘煤矿当庭表示服判不上诉。参见《〈民法典〉实施后省内首例！毕节中院公开宣判一起环境污染民事公益诉讼案件》，《潇湘晨报》2021年1月4日。

在以下几个方面：有关企业环境责任与企业风险的研究[1]；有关环境非政府组织对企业环境责任的影响研究[2]；企业组织结构和组织行为与企业环境责任之间关系研究[3]；企业环境责任驱动因素研究，企业环境责任的法律原则研究[4]；企业环境责任的信息披露[5]等。然而，学界鲜有从环境民事公益诉讼的角度研究和论述企业环境社会责任。

当前，国家提出碳达峰、碳中和的目标。国家之前对企业承担环境保护责任提出的要求是切合当时实际的，现在这个标准明显发生了变化。在2030年碳达峰之前，国家对不同的企业排放程度设置了不同的标准和要求，这对于当前的企业而言仍有一定的弹性空间。但是到了2060年以后这个弹性空间将会变得越来越小，企业排放的标准必须达到国家的硬性指标要求。可见，企业承担环境社会责任的形势将越来越严峻，环境民事公益诉讼将成为一把“达摩克利斯之剑”，随时指向那些不承担环境社会责任的企业。

电力企业履行环境社会责任的动力除了自律以外，更主要的是来自法律、政策等他律因素。例如，不履行环境社会责任将面临环境民事公益诉讼等。司法实践中，检察机关提起的环境民事公益诉讼中不乏将不履行环

[1] CAI L, CUI J, JO H. Corporate environmental responsibility and firm risk [J]. Journal of Business Ethics, 2016, 139 (3): 563-594.

[2] YANG Z, LIU W, SUN J, et al. Corporate environmental responsibility and environmental non-governmental organizations in China [J]. Sustainability, 2017, 9 (10): 1756.

[3] ZOU H, XIE X, QI G, et al. The heterogeneous relationship between board social ties and corporate environmental responsibility in an emerging economy [J]. Business Strategy and the Environment, 2019, 28 (1): 40-52. 转引自孟晓华、曾赛星、张振波等：《高管团队特征与企业环境责任：基于制造业上市公司的实证研究》，《系统管理学报》2012年第6期，第825-834页。

[4] YUNARI S B, SUHARININGSIH S, SYAFA' AT R, et al. Reconception of mandatory-based corporate social and environmental responsibility in Indonesia [J]. IOP Conference Series: Earth and Environmental Science, 2018, 106: 12098.

[5] ALI W, FRYNAS J G, MAHMOOD Z. Determinants of corporate social responsibility (CSR) disclosure in developed and developing countries: a literature review [J]. Corporate Social Responsibility and Environmental Management, 2017, 24 (4): 273-294.

境社会责任的电力企业作为公益诉讼的被告。检察机关、环保组织等作为环境公益诉讼的适格原告，通过提起民事环境公益诉讼，将不履行环境保护社会责任的电力企业作为公益诉讼的被告，进而追究其破坏生态环境的法律责任。

检察机关等公益诉讼主体针对电力企业提起的民事环境公益诉讼，不仅可以有效促进电力企业在经营过程中更加关注和落实环境社会责任，而且能够教育和引导其他企业有效履行环境社会责任。电力企业充分履行环境社会责任，不仅可以有效提升企业的经济绩效，增强社会公众对企业文化的认同感，而且还可以有效保护生态环境、促进生态建设，减少环境民事公益纠纷。2021 年，上海知名老字号品牌企业成为生态环境保护民事公益诉讼案件的被告，此案一经媒体报道便引起了社会各方面对企业生态环境保护社会责任的广泛热议，包括电力企业在内的诸多企业需要高度重视并引以为鉴。

2021 年 2 月，中国生物多样性保护与绿色发展基金会（以下简称绿发会）起诉上海杏花楼食品有限公司以及上海杏花楼食品营销有限公司（以下简称上海杏花楼）环境违法民事公益诉讼案，引发社会的广泛关注❶。

---

❶ 2021 年 2 月，上海市第三中级人民法院对中国生物多样性保护与绿色发展基金会起诉上海杏花楼食品有限公司以及上海杏花楼食品营销有限公司生态环境保护民事公益诉讼案件正式立案。2021 年 6 月 3 日，上海市第三中级人民法院作出的（2021）沪 03 民初 109 号一审判决，本案两被告的行为不构成环境侵权，并认为两被告的过度包装行为不会污染环境。中国生物多样性保护与绿色发展基金会不服上海市第三中级人民法院作出的（2021）沪 03 民初 109 号一审判决，于 2021 年 6 月 16 日向上海市高级人民法院提起上诉。上海市高级人民法院于 7 月 28 日正式立案。但到目前为止，尚未查到中国生物多样性保护与绿色发展基金会起诉上海杏花楼食品有限公司以及上海杏花楼食品营销有限公司生态环境保护民事公益诉讼案件的二审判决结果。为彻底解决产品过度包装等问题，进一步加快推进绿色低碳发展，助力实现碳达峰碳中和目标，市场监管总局（标准委）近期批准发布《GB 23350—2021 限制商品过度包装要求　食品和化妆品》强制性国家标准。新标准规定了包装空隙率、包装层数和包装成本要求，以及相应的计算、检测和判定方法。具体内容包括：一是规范了 31 类食品、16 类化妆品的包装要求；二是极大地简化了商品过度包装的判定方法，消费者只需要查看商品本身的重量或体积，并测量最外层包装的体积，通过计算就可以初步判定商品是否存在过度包装问题；三是严格限定了包装层数要求，食品中的粮食及其加工品不应超过三层包装，其他食品和化妆品不应超过四层包装。新标准将于 2023 年 9 月 1 日正式实施，为企业和市场设置了两年过渡期。

上海杏花楼是上海知名老字号品牌，已有近百年历史，此次因月饼“过度包装”违反国家强制性规定，破坏生态环境保护而被提起环境公益诉讼。绿发会起诉称，2020 年 9 月，原告通过电商平台天猫“杏花楼食品旗舰店”渠道下单购买了杏花楼品牌月饼，2020 年 9 月 10 日、11 日通过国内标准物流 EMS、顺丰物流将所购月饼作为样品寄至具有《限制商品过度包装要求　食品和化妆品》（GB 23350—2009）（以下简称《标准》）国家强制性标准 CMA 检验资质的山东省产品质量检验研究院进行检测。9 月 16 日，山东省产品质量检验研究院出具的检验报告显示，原告委托其检验的杏花楼——花语月月饼礼盒的包装层数为 4 层，已经超过了现行《标准》所规定的 3 层。被告超过国家强制性标准的包装造成了巨大的、无谓的浪费，一方面加大了垃圾回收、处理的成本，另一方面也对生态环境产生了不良影响，与国家的生态文明建设思想和战略相悖[1]。原告认为，杏花楼月饼过度包装势必会造成资源的浪费，月饼包装若处理不当，甚至还会引发环境污染等情况。

有专家指出，上海杏花楼的过度包装行为，一方面违反了环境保护这一具有法律约束力的社会责任，间接导致了环境污染与资源浪费的问题，应当消除自身错误行为导致的不良影响；另一方面上海杏花楼作为月饼行业知名老字号公司，没有履行节约资源和生态环境保护义务，变相倡导奢侈消费，应当要求其向社会道歉[2]。上海杏花楼食品有限公司的行为还涉嫌损害社会公共利益，也与其应当承担的环境社会责任不相符合。

相对于公益捐赠、节约用电等纯粹道德性的社会责任而言，生态环境保护方面的社会责任则属于法律意义上的责任，已有《环境保护法》等法律加以明确的规定，包括电力企业在内的诸多企业如果不承担上述环境保护的社会责任，轻则受到市场监管部门的处罚，重则会引发环境民事公益

[1] 参见上海市第三中级人民法院官网，http://shszfy.gov.cn/detail.jhtml?id=10017889，2022 年 9 月 29 日访问。

[2] 高桂林：《上海杏花楼应该承担社会责任　月饼过度包装问题研讨会》，参见澎湃新闻 https://www.thepaper.cn/newsDetail_forward_14607125，2022 年 9 月 27 日最新访问。

诉讼，承担巨额的公益赔偿责任[1]。

企业环境社会责任的履行并不是一个单向的、线性的追求目标，而是一个需要综合考虑其他目标以及社会条件的环形的、动态的过程。电力企业除了需要履行道德性的社会责任以外，还应当承担劳工权益保护、生态环境保护等法律意义上的社会责任。电力企业之所以需要承担环境社会责任的重要原因和主要依据在于，企业从社会上获取了资源或者享受了相应的权利，因此对社会应当有所回报，或者需要付出一定的代价和成本。

在环境保护方面，电力企业的环境社会责任有两个方面：从消极方面而言，电力企业不得超标排放二氧化硫、氮氧化物、烟粉尘等空气污染物破坏生态环境损害社会公共利益；从积极方面而言，电力企业应当主动完善和改造电力设备、设施等使其符合国家有关电力安全、电力环保方面的“红线”规定。企业不履行社会责任尤其是环境社会责任，影响的通常并不是个体或者少数人的利益，而是不特定的多数人的利益，或者说损害的是社会公共利益。对于电力企业不履行环境社会责任的行为如何予以治理，可能会面临着利害关系人缺位的尴尬。随着环境民事公益诉讼的立法和实践，此种利害关系人缺位的特殊诉讼首先从原告资格上得以突破，检察机关等主体在电力企业环境社会责任履行不到位、损害环境公益时，有权提起民事环境公益诉讼追究电力企业的法律责任。

第三节　电力企业民事公益诉讼案件分析

在威科先行数据库中，通过检索“电力”“公益诉讼”两个关键词，

[1] 例如，在原告北京市朝阳区自然之友环境研究所与被告江苏大吉发电有限公司大气污染责任纠纷公益诉讼一案中，原告在民事起诉状中诉称，“2014 年起至今，被告多次因超标排放污染物的行为受到行政处罚，但其拒不改正，给环境造成持续性损害。”参见江苏省盐城市中级人民法院民事判决书（2018）苏 09 民初 25 号。

搜索到相关案件共计65件，经过筛选和比对整理出对本书有研究价值的生态环境保护民事公益诉讼案件22件，基本情况分析如下。

一、环境民事公益诉讼的原告主体资格

2012年修正的《民事诉讼法》第五十五条首次规定了针对污染环境等损害社会公共利益的法律规定的机关和组织可以提起民事公益诉讼[1]，但是并未明确“法律规定的机关和组织”的范围。2017年修正的《民事诉讼法》第五十五条[2]和2021年修正的《民事诉讼法》第五十八条[3]对环境民事公益诉讼的原告主体资格进行了较为明确的规定。

一方面，法律规定的机关和有关组织有权对污染环境等损害社会公共利益的行为提起环境民事公益诉讼。另一方面，针对破坏生态环境等损害社会公共利益的行为，没有法律规定的机关和有关组织或者上述主体不愿意提起诉讼的，检察机关可依职权向法院提起环境民事公益诉讼。法律规定的机关和有关组织提起诉讼的，检察机关可以支持起诉以提供必要的帮助。

《民事诉讼法》对检察机关原告主体地位的规定是明确的，但“法律规定的机关和有关组织”的具体内涵则需要法律或司法解释进一步予以明

---

[1] 《民事诉讼法》（2012年修正）第五十五条：对污染环境、侵害众多消费者合法权益等损害社会公共利益的行为，法律规定的机关和有关组织可以向人民法院提起诉讼。

[2] 《民事诉讼法》（2017年修正）第五十五条：对污染环境、侵害众多消费者合法权益等损害社会公共利益的行为，法律规定的机关和有关组织可以向人民法院提起诉讼。人民检察院在履行职责中发现破坏生态环境和资源保护、食品药品安全领域侵害众多消费者合法权益等损害社会公共利益的行为，在没有前款规定的机关和组织或者前款规定的机关和组织不提起诉讼的情况下，可以向人民法院提起诉讼。前款规定的机关或者组织提起诉讼的，人民检察院可以支持起诉。

[3] 《民事诉讼法》（2021年修正）第五十八条：对污染环境、侵害众多消费者合法权益等损害社会公共利益的行为，法律规定的机关和有关组织可以向人民法院提起诉讼。人民检察院在履行职责中发现破坏生态环境和资源保护、食品药品安全领域侵害众多消费者合法权益等损害社会公共利益的行为，在没有前款规定的机关和组织或者前款规定的机关和组织不提起诉讼的情况下，可以向人民法院提起诉讼。前款规定的机关或者组织提起诉讼的，人民检察院可以支持起诉。

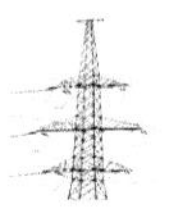

确。就法律规定的机关而言，根据《中华人民共和国海洋环境保护法》（以下简称《海洋环境保护法》）第五条❶的规定，在海洋环境诉讼中，有权提起环境诉讼的适格行政机关是多元的，环境保护行政主管部门、海洋行政主管部门、海事行政主管部门、渔业行政主管部门、军队环境保护部门等基于不同的职能分工均有权提起环境民事公益诉讼，法院也应当予以受理❷。但上述主体在提起环境民事公益诉讼的污染区域、赔偿范围、法律责任等方面则存在一定的差异。

在法律规定的有关组织方面，《中华人民共和国环境保护法》第五十八条❸以及《最高人民法院关于审理环境民事公益诉讼案件适用法律若干

---

❶ 《海洋环境保护法》第五条：国务院环境保护行政主管部门作为对全国环境保护工作统一监督管理的部门，对全国海洋环境保护工作实施指导、协调和监督，并负责全国防治陆源污染物和海岸工程建设项目对海洋污染损害的环境保护工作。

国家海洋行政主管部门负责海洋环境的监督管理，组织海洋环境的调查、监测、监视、评价和科学研究，负责全国防治海洋工程建设项目和海洋倾倒废弃物对海洋污染损害的环境保护工作。

国家海事行政主管部门负责所辖港区水域内非军事船舶和港区水域外非渔业、非军事船舶污染海洋环境的监督管理，并负责污染事故的调查处理；对在中华人民共和国管辖海域航行、停泊和作业的外国籍船舶造成的污染事故登轮检查处理。船舶污染事故给渔业造成损害的，应当吸收渔业行政主管部门参与调查处理。

国家渔业行政主管部门负责渔港水域内非军事船舶和渔港水域外渔业船舶污染海洋环境的监督管理，负责保护渔业水域生态环境工作，并调查处理前款规定的污染事故以外的渔业污染事故。

军队环境保护部门负责军事船舶污染海洋环境的监督管理及污染事故的调查处理。

沿海县级以上地方人民政府行使海洋环境监督管理权的部门的职责，由省、自治区、直辖市人民政府根据本法及国务院有关规定确定。

❷ 《最高人民法院关于审理海洋自然资源与生态环境损害赔偿纠纷案件若干问题的规定》第三条：海洋环境保护法第五条规定的行使海洋环境监督管理权的机关，根据其职能分工提起海洋自然资源与生态环境损害赔偿诉讼，人民法院应予受理。

❸ 《中华人民共和国环境保护法》第五十八条：对污染环境、破坏生态，损害社会公共利益的行为，符合下列条件的社会组织可以向人民法院提起诉讼：（一）依法在设区的市级以上人民政府民政部门登记；（二）专门从事环境保护公益活动连续五年以上且无违法记录。符合前款规定的社会组织向人民法院提起诉讼，人民法院应当依法受理。

问题的解释》第二条至第五条❶规定了有权提起环境民事公益诉讼的社会组织条件，即社会组织需要依法在设区的市、自治州、盟、地区，不设区的地级市、直辖市的区以上人民政府民政部门登记；章程确定的宗旨和主要业务范围是维护社会公共利益；专门从事环境保护公益活动；“无违法记录”❷。

为了更好地督促环保组织等法定主体按照章程的规定积极行使公益诉讼的起诉权，坚持检察机关环境公益诉讼起诉权力的谦抑性，进一步实现法定适格主体诉权行使的有序性，司法解释规定了不同法定主体环境公益诉权行使的顺位。2015 年 12 月，《人民检察院提起公益诉讼试点工作实施

---

❶ 《最高人民法院关于审理环境民事公益诉讼案件适用法律若干问题的解释》第二条：依照法律、法规的规定，在设区的市级以上人民政府民政部门登记的社会团体、基金会以及社会服务机构等，可以认定为环境保护法第五十八条规定的社会组织。第三条：设区的市，自治州、盟、地区，不设区的地级市，直辖市的区以上人民政府民政部门，可以认定为环境保护法第五十八条规定的“设区的市级以上人民政府民政部门”。第四条：社会组织章程确定的宗旨和主要业务范围是维护社会公共利益，且从事环境保护公益活动的，可以认定为环境保护法第五十八条规定的“专门从事环境保护公益活动”。社会组织提起的诉讼所涉及的社会公共利益，应与其宗旨和业务范围具有关联性。第五条：社会组织在提起诉讼前五年内未因从事业务活动违反法律、法规的规定受过行政、刑事处罚的，可以认定为环境保护法第五十八条规定的“无违法记录”。

❷ “无违法记录”的界定标准存在一定的争议。2020 年，中国生物多样性保护与绿色发展基金会相继被甘肃矿区法院、青海两级法院驳回起诉，理由是 2015 年年检不合格、自 2016 年起无年检证明。其他社会组织如山东环境保护基金会、金华市绿色生态文化服务中心等也以同样理由被不同市中级人民法院驳回起诉。年检是民政部对于社会组织进行行政管理的行为，是对社会组织开展年度工作的一种形式审查。社会组织年检不合格并不意味着有行政处罚或者刑事处罚，可能仅仅只是通知整改，整改完毕即可。社会组织通常会因为一些与开展业务无关的事项如理事长年龄超限、到期理事未进行换届等，被认定为年检不合格。实际上这并不影响其业务的开展，同时这些情况也可随时纠正。对于年检与年报问题，根据《中华人民共和国慈善法》第十三条以及各省民政部门的地方性规定，慈善组织和当地社会组织大多已不再进行年检，每年进行年报即可。对于年检和年报的不同理解，导致一些社会组织在提起环境民事公益诉讼时丧失公益诉讼原告主体资格。中国生物多样性保护与绿色发展基金会认为，最高人民法院应当出台规范性文件，确认社会组织公益诉讼主体资格中“无违法记录”的界定标准，“无违法记录”是指无已生效的行政处罚以及刑事处罚文书，其他因行政管理产生的文书不视为违法记录。

办法》[1] 第十三条[2]、第十四条[3]规定了检察机关提起民事公益诉讼的诉前程序，即诉前的督促义务，以及法律规定的适格主体没有提起或者没有适格主体提起公益诉讼时的起诉义务。该司法解释虽然已经失效，但是立法的基本精神和主要内容被《民事诉讼法》第五十八条第二款所吸收[4]。检察机关民事公益诉权的谦抑性不仅体现在程序性立法中，也体现在司法解释中，例如《最高人民法院、最高人民检察院关于检察公益诉讼案件适用法律若干问题的解释》[5]（2020 年修正）规定，检察机关提起公益诉讼之前，必须依法公告，三十日公告期满后，法律规定的机关和组织等不提起诉讼的，检察机关才有权向法院提起相应的公益诉讼。

在提起生态环境保护公益诉讼原告主体身份方面，法律规定的环保组织和检察机关均享有提起公益诉讼的权利。在 22 件以电力公司为被告的民事公益诉讼案件中，环保组织为原告提起的公益诉讼有 17 件，占比 77.27%，检察机关为原告提起的公益诉讼有 5 件，占比 22.73%。环保组

---

[1] 《人民检察院提起公益诉讼试点工作实施办法》现已失效。

[2] 《人民检察院提起公益诉讼试点工作实施办法》第十三条：人民检察院在提起民事公益诉讼之前，应当履行以下诉前程序：（一）依法督促法律规定的机关提起民事公益诉讼；（二）建议辖区内符合法律规定条件的有关组织提起民事公益诉讼。有关组织提出需要人民检察院支持起诉的，可以依照相关法律规定支持其提起民事公益诉讼。法律规定的机关和有关组织应当在收到督促起诉意见书或者检察建议书后一个月内依法办理，并将办理情况及时书面回复人民检察院。

[3] 《人民检察院提起公益诉讼试点工作实施办法》第十四条：经过诉前程序，法律规定的机关和有关组织没有提起民事公益诉讼，或者没有适格主体提起诉讼，社会公共利益仍处于受侵害状态的，人民检察院可以提起民事公益诉讼。

[4] 《民事诉讼法》第五十八条第二款：人民检察院在履行职责中发现破坏生态环境和资源保护、食品药品安全领域侵害众多消费者合法权益等损害社会公共利益的行为，在没有前款规定的机关和组织或者前款规定的机关和组织不提起诉讼的情况下，可以向人民法院提起诉讼。前款规定的机关或者组织提起诉讼的，人民检察院可以支持起诉。

[5] 《最高人民法院、最高人民检察院关于检察公益诉讼案件适用法律若干问题的解释》（2020 年修正）第十三条：人民检察院在履行职责中发现破坏生态环境和资源保护，食品药品安全领域侵害众多消费者合法权益，侵害英雄烈士等的姓名、肖像、名誉、荣誉等损害社会公共利益的行为，拟提起公益诉讼的，应当依法公告，公告期间为三十日。公告期满，法律规定的机关和有关组织、英雄烈士等的近亲属不提起诉讼的，人民检察院可以向人民法院提起诉讼。

织提起的公益诉讼案件占了较大的比例，原因在于检察机关作为法律监督机关，法律赋予其提起公益诉讼权具有谦抑性。检察机关提起公益诉讼权的谦抑性，一方面体现为没有立法规定的机关和组织或者立法规定的机关和组织不提起诉讼的情况下检察机关才有权力提起民事公益诉讼[1]。另一方面学界一致认为检察学的发展应当“确立系统思维，坚持谦抑原则”[2]，根据社会系统论互动性原则的要求，系统运作时不仅要关注系统内部要素的运作，而且也要关照系统与其环境的互动关系，作为公权力的检察权需要谦抑是其权力行使的基础。

在公益诉讼原告主体的地域分布方面，以北京为注册地的环保组织有12家占比54.55%，例如，中国生物多样性保护与绿色发展基金会、北京市朝阳区自然之友环境研究所、北京市昌平区多元智能环境研究所、北京市丰台区源头爱好者环境研究所等环保组织。除5件案件由地方检察机关提起民事公益诉讼以外，其他的案件则由中华环保联合会、金华市绿色生态文化服务中心、九江市环境科学学会、山东环境保护基金会等环保组织提起。

例如，郑州新力电力有限公司（以下简称新力电力公司）因燃煤机组的氮氧化物或烟尘排放浓度超标，经郑州市生态环境局作出行政处罚后仍未改正，原告山东环境保护基金会对其提起大气污染责任纠纷民事公益诉讼。法院受理后，经过审理支持原告提出的被告应当立即停止超标排放污染物、赔偿超标排放污染物所产生的环境治理费用，以及在河南省省级媒

[1] 《民事诉讼法》第五十八条：对污染环境、侵害众多消费者合法权益等损害社会公共利益的行为，法律规定的机关和有关组织可以向人民法院提起诉讼。人民检察院在履行职责中发现破坏生态环境和资源保护、食品药品安全领域侵害众多消费者合法权益等损害社会公共利益的行为，在没有前款规定的机关和组织或者前款规定的机关和组织不提起诉讼的情况下，可以向人民法院提起诉讼。前款规定的机关或者组织提起诉讼的，人民检察院可以支持起诉。

[2] 龙宗智：《我国检察学研究的现状与前瞻》，《国家检察官学院学报》2011年第1期，第44页。

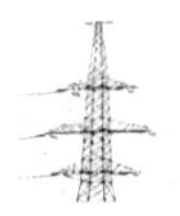

体向社会公众公开赔礼道歉三项诉讼请求❶。又如，2019 年提出公益诉讼主体重庆市人民检察院第五分院（以下简称渝检五分院），将被告重庆市鹏展化工有限公司、被告重庆瑜煌电力设备制造有限公司、被告重庆顺泰铁塔制造有限公司，起诉至重庆市第五中级人民法院，要求上述被告承担环境污染责任。渝检五分院提出的被告承担生态环境修复费用、技术咨询费、在重庆市市级以上媒体向社会公众赔礼道歉等诉讼主张得到了法院的支持❷。

二、电力民事公益诉讼的案由分布

民事案件案由是民事案件名称的重要组成部分，反映案件所涉及的民事法律关系的性质，是对当事人诉争的法律关系性质进行的概括，是法院进行民事案件管理的重要手段❸。可以说，民事案由是依照法律在事实基础上对案件的初步定性❹，是对个案涉及的民事法律关系性质的一种具体反映。案由的一般写法是原告与被告某类法律关系纠纷，作为案件名称的重要组成部分，具有标识不同个案的功能，也是此案与彼案的界限。案由在案件的起诉、受理、庭审、辩论以及各类诉讼文书、司法文件中被广泛运用。

在司法实践中，案由贯穿司法审判的始终，并发挥着便利当事人选择诉由、便利民事案件的地域管辖、统一法律适用、推进案件分类管理、理顺审判业务分工、提高司法统计的科学性准确性以及为管理决策提供参考等功能❺。例如，在法院的立案阶段，立案部门依据不同的案由来确定应

---

❶ 参见河南省高级人民法院民事判决书（2019）豫民终 1592 号，以及河南省郑州市中级人民法院民事判决书（2018）豫 01 民初 1260 号。

❷ 参见重庆市第五中级人民法院民事判决书（2019）渝 05 民初 256 号。

❸ 参见《最高人民法院关于印发修改后的〈民事案件案由规定〉的通知》（法〔2020〕347 号）。

❹ 陈光中：《中华法学大辞典·诉讼法学卷》，中国检察出版社 1995 年版，第 6 页。

❺ 孙佑海，吴兆祥，黄建中：《2011 年修改后的〈民事案件案由规定〉的理解与适用》，《人民司法·应用》2011 年第 9 期，第 28-34 页。

当移送的审判业务庭。又如，在法院的审判阶段，一方面，当事人可以通过案由进一步了解案件类型以及可能的裁判结果；另一方面，审判人员也可以借助案由来确定法律的适用。再如，个案审判结束之后，审判人员可以将案由作为类型化划分的标准，开展有序的卷宗归档、数据分析、案件质效等工作❶。

2001 年 1 月，最高人民法院颁布《民事案件案由规定（试行）》，将案由分为四部分五十四类三百种，种案由用阿拉伯数字统一编号，通过立法的形式将民事案由制度加以规范化、制度化和明文化❷。为了应对审判实践中出现的新类型民事案件，2008 年 4 月最高人民法院出台《民事案件案由规定》，对民事案由进行细化、补充和完善。2008 年的《民事案件案由规定》以民法理论对民事法律关系的分类为基础，结合现行立法及审判实践，将案由的编排体系划分为人格权、婚姻家庭继承、物权、债权、劳动争议与人事争议、知识产权、海事海商、与铁路运输有关的民事纠纷以及与公司、证券、票据等有关的民事纠纷、适用特殊程序案件案由等共十大类，作为第一级案由❸。

随着《侵权责任法》《农村土地承包经营法》《仲裁法》《人民调解法》《保险法》《专利法》等法律的制定或修订，审判实践中出现了许多新类型民事案件，需要对 2008 年《民事案件案由规定》进行增补、补充和完善。2011 年 4 月修正的《民事案件案由规定》开始施行，其基于 2008 年《民事案件案由规定》关于案由编排体系的划分，将侵权责任纠纷案由提升为第一级案由，将案由的编排体系重新划分为人格权纠纷、侵权

❶ 罗东川、黄建中：《〈民事案件案由规定〉的理解与适用》，《人民司法》2008 年第 5 期，第 2 页。

❷ 参见最高人民法院关于印发《民事案件案由规定（试行）》的通知》（法发〔2000〕26 号），现已失效。

❸ 参见最高人民法院关于印发《民事案件案由规定》的通知（法发〔2008〕11 号），现已失效。

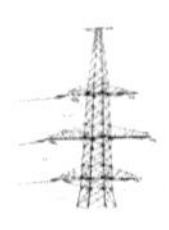

责任纠纷、适用特殊程序案件案由等共十大部分，作为第一级案由❶。近年来，随着《民事诉讼法》《消费者权益保护法》《英雄烈士保护法》等法律的制定或者修订，审判实践中又出现了许多新类型的民事案件，例如，公益诉讼案件。因此，亟须对2011年《民事案由规定》进行补充和完善，尤其是2021年《民法典》开始施行，迫切需要增补新的案由。

2021年修正后的《民事案件案由规定》首次明确了公益诉讼案由❷。该规定将公益诉讼案由作为一级案由“第十一部分特殊诉讼程序案件案由”中第“五十二”项的二级案由。公益诉讼的具体案由分为四项三级案由，分别是生态环境保护民事公益诉讼、英雄烈士保护民事公益诉讼、未成年人保护民事公益诉讼以及消费者权益保护民事公益诉讼。与电力企业关联度较大的是生态环境保护民事公益诉讼，该项又细分为三项四级案由。历经2008年《民事案由规定》的正式出台以及2011年、2021年的两次修正，我国民事案由体系的发展渐趋完备，不仅引导当事人在不同的诉讼阶段和程序场景中有序开展诉讼，又规范着法院在司法运行中能够切实履行依法审理和科学管理的职能❸。

在收集到的涉及电力企业公益诉讼的样本中，均涉及的是生态环境保护民事公益诉讼。该类型民事公益诉讼又可细分为环境污染民事公益诉讼、生态破坏民事公益诉讼以及生态环境损害赔偿三种类型，在22件典型样本中，涉及环境污染民事公益诉讼有13件，占比59.09%，生态破坏民事公益诉讼的案件有9件，占比40.91%，生态环境损害赔偿方面的案件则为0。

在环境污染民事公益诉讼方面较为典型的案件，如2018年，原告北京

❶ 参见最高人民法院关于印发修改后的《民事案件案由规定》的通知（法〔2011〕42号），现已被修改。

❷ 参见最高人民法院关于印发修改后的《民事案件案由规定》的通知（法〔2020〕347号）。

❸ 曹建军：《民事案由的功能：演变、划分与定位》，《法律科学（西北政法大学学报）》2018年第5期，第120页。

市朝阳区自然之友环境研究所（以下简称自然之友）对被告江苏大吉发电有限公司提起了大气污染责任纠纷民事公益诉讼。被告因向大气超标排放污染物被当地环保行政机关多次处罚，但其拒不改正，给环境造成持续性损害。2018 年，非营利性民间环保组织自然之友向江苏省盐城市中级人民法院提起民事公益诉讼，诉请被告承担大气环境治理费用、在江苏省级媒体上向社会公开赔礼道歉以及承担鉴定费等费用，获得法院的支持性判决❶。在生态破坏民事公益诉讼案件方面较为典型的案件，如自然之友向云南省昆明市中级人民法院提起生态破坏民事公益诉讼，诉请被告中国水电顾问集团新平开发有限公司、中国电建集团昆明勘测设计研究院有限公司共同承担“消除戛洒江一级水电站建设对绿孔雀、苏铁等珍稀濒危野生动物以及热带季雨林和热带雨林侵害危险，立即停止该水电站建设，不得截流蓄水，不得对该水电站淹没区内植被进行砍伐等”请求，得到了法院判决的支持❷。

三、电力民事公益诉讼的裁判结果分析

民事公益诉讼案件的裁判结果与其他普通民事案件类似，主要有法院支持原告的诉请、法院不支持原告的诉请、法院不予受理、原告撤诉以及调解结案等。

在收集到的 22 件典型案件中，有 14 件案件获得法院的支持性判决，占比 63.64%。例如，旌德县人民检察院起诉绩溪县板桥水力发电总站水污染一案中，该检察院经过调查后发现，绩溪县板桥水力发电总站在爆破隐塘水库排水洞口过程中，损毁水坝底涵，导致含有大量泥沙、垃圾、树枝等物质的淤泥流入下游河道、水库，严重破坏了生态环境，损害了社会公共利益。旌德县人民检察院要求，绩溪县板桥水力发电总站承担恢复原

❶ 参见江苏省盐城市中级人民法院民事判决书（2018）苏 09 民初 25 号。

❷ 参见云南省昆明市中级人民法院民事判决书（2017）云 01 民初 2299 号。

状、赔偿损失、赔礼道歉的法律责任。本案中，公益诉讼起诉人提出了判令被告恢复被污染的白沙河河段及白沙水库的生态环境原状；若被告不履行修复义务，则判令被告承担生态环境修复费用52.16万元；判令被告承担本起环境污染事故产生的应急处置费用4.7万元，生态环境损失费用19.3万元，事务性费用12.8万元，合计36.8万元；判令被告在旌德县级报纸上赔礼道歉等诉讼请求，上述诉讼请求全部获得法院判决的支持[1]。

又如，2020年最高人民法院发布的第二十四批指导性案例之五——中华环保联合会诉德州晶华集团振华有限公司（以下简称振华公司）大气污染责任民事公益诉讼案。原告中华环保联合会诉称，被告振华公司超量排放的二氧化硫、氮氧化物、烟粉尘会影响大气的价值功能。其中，二氧化硫、氮氧化物是酸雨的前导物，超量排放可至酸雨从而造成财产及人身损害，烟粉尘的超量排放将影响大气能见度及清洁度，亦会造成财产及人身损害。被告振华公司自2013年11月起，多次超标向大气排放二氧化硫、氮氧化物、烟粉尘等污染物，经环境保护行政管理部门多次行政处罚仍未改正，其行为属于司法解释规定的“具有损害社会公共利益重大风险的行为”，故被告振华公司应当承担大气环境污染赔偿责任。法院判决被告德州晶华集团振华有限公司于本判决生效之日起30日内赔偿因超标排放污染物造成的损失2198.36万元，支付至德州市专项基金账户，用于德州市大气环境质量修复；被告德州晶华集团振华有限公司在省级以上媒体向社会公开赔礼道歉等民事责任[2]。

在22件涉及电力企业的环境民事公益诉讼中，原告撤诉案件有5件，占比22.73%。《民事诉讼法》《最高人民法院关于适用〈中华人民共和国民事诉讼法〉的解释》以及《最高人民法院关于审理环境民事公益诉讼案件适用法律若干问题的解释》对环境民事公益诉讼原告撤诉的权利进行了明确规定，公益诉讼案件的原告在法庭辩论终结前申请撤诉的，是否准许

---

[1] 参见安徽省旌德县人民法院（2018）皖1825民初544号民事判决书。

[2] 参见山东省德州市（地区）中级人民法院（2015）德中环公民初字第1号民事判决书。

由法院裁定；公益诉讼案件的被告在法庭辩论终结后申请撤诉的，法院不予准许；负有环境资源保护监督管理职责的部门依法履行监管职责而使原告诉讼请求全部实现，原告申请撤诉的，法院应予准许❶。因此，在公益诉讼案件审理过程中，符合立法规定的撤诉条件时，原告可以申请撤诉。

例如，原告应当预交而未预交案件受理费的，法院可以按撤诉处理。在原告北京市昌平区多元智能环境研究所与被告招远盛运环保电力有限公司环境污染民事公益诉讼一案中，法院立案后两次通知原告北京市昌平区多元智能环境研究所依法预交案件受理费，原告未预交案件受理费，也未提交预交案件受理费困难证明，后法院对北京市昌平区多元智能环境研究所按照撤回起诉处理❷。

又如，公益诉讼原告在法庭辩论终结前申请撤诉。在原告北京市朝阳区环友科学技术研究中心与被告济宁中科环保电力有限公司环境污染民事公益诉讼一案中，法院于2021年1月21日立案；同年3月10日，原告北京市朝阳区环友科学技术研究中心提出撤诉申请，法院裁定准许原告撤回起诉❸。

再如，因诉讼请求全部实现为由原告撤回起诉。在公益诉讼人内蒙古自治区呼伦贝尔市人民检察院起诉被告国网内蒙古东部电力有限公司伊敏供电分公司、河南省商丘市国基建筑安装有限公司、呼伦贝尔晨鑫电力监

---

❶ 《民事诉讼法》第一百四十八条：宣判前，原告申请撤诉的，是否准许，由人民法院裁定。人民法院裁定不准许撤诉的，原告经传票传唤，无正当理由拒不到庭的，可以缺席判决。

《最高人民法院关于适用〈中华人民共和国民事诉讼法〉的解释》第二百八十八条：公益诉讼案件的原告在法庭辩论终结后申请撤诉的，人民法院不予准许。第二百一十三条：原告应当预交而未预交案件受理费，人民法院应当通知其预交，通知后仍不预交或者申请减、缓、免未获批准而仍不预交的，裁定按撤诉处理。

《最高人民法院关于审理环境民事公益诉讼案件适用法律若干问题的解释》第二十六条：负有环境资源保护监督管理职责的部门依法履行监管职责而使原告诉讼请求全部实现，原告申请撤诉的，人民法院应予准许。第二十七条：法庭辩论终结后，原告申请撤诉的，人民法院不予准许，但本解释第二十六条规定的情形除外。

❷ 参见山东省烟台市中级人民法院（2021）鲁06民初46号民事裁定书。

❸ 参见山东省济宁市中级人民法院（2021）鲁08民初41号民事裁定书。

理有限责任公司环境污染一案中，2019 年 9 月公益诉讼人内蒙古自治区呼伦贝尔市人民检察院以诉讼请求全部实现为由，向法院申请撤回起诉。法院认为，呼伦贝尔市检察院撤诉的事由符合《最高人民法院关于审理环境民事公益诉讼案件适用法律若干问题的解释》第二十六条的规定，准许原告撤回起诉❶。

在原告金华市绿色生态文化服务中心与被告咸宁市中德环保电力有限公司大气污染民事公益诉讼一案中，原告以被告在当地生态环境管理部门监督管理下，采取了一系列环境治理措施，认可被告为环境治理所做的努力及结果，诉讼目的已经实现为由，向法院申请撤回起诉。法院认为，原告金华市绿色生态文化服务中心的诉讼目的已经实现，其撤诉申请符合法律规定，应予准许❷。

最后，原告以需要进一步收集证据为由撤诉。在原告九江市环境科学学会诉被告陈某平、海宁市晶科新能源电力有限公司、安徽安芯电子科技股份有限公司等环境污染公益诉讼一案中，2021 年 4 月法院立案，同年 5 月，原告九江市环境科学学会以尚需收集证据为由，书面向法院申请撤诉。法院经审查认为，原告九江市环境科学学会申请撤回起诉，系其真实意思表示，不违反相关法律法规的规定，应予准许❸。

在收集到的 22 件涉及电力公司环境公益诉讼的案件中，有 1 件案件法院裁定不予受理。在原告金华市绿色生态文化服务中心诉宣城中科环保电力有限公司环境污染责任纠纷案件中，原告金华市绿色生态文化服务中心诉称，宣城中科环保电力有限公司在生产过程中产生污染物对生态环境造成了不可逆的损害，存在损害社会公益环境的事实，且情节严重；其提起公益诉讼具有充足的法律依据，诉讼主体适格；请求判令宣城中科环保电力有限公司停止侵权，停止超标排放污染物等。法院裁定不予受理，具体理由是：金华市绿色生态文化服务中心的章程中显示其并不具备提起民事

❶ 参见内蒙古自治区呼伦贝尔市中级人民法院（2018）内 07 民初 96 号民事裁定书。

❷ 参见湖北省武汉市中级人民法院（2019）鄂 01 民初 8321 号民事裁定书。

❸ 参见江西省吉安市中级人民法院（2021）赣 08 民初 65 号民事裁定书。

公益诉讼的权限；即使其业务范围内含有“进行环境保护活动”的职责，但其作为浙江省金华市的非营利性社会服务活动公益社会组织，对安徽省宣城市宣州区境内的企业提起诉讼，明显不存在法律上的利害关系；提出的诉讼请求不具体、不明确❶。综上，法院认为金华市绿色生态文化服务中心不具有该案的原告主体资格。

通过天眼查、爱企查等专业软件，尚未查到金华市绿色生态文化服务中心的章程内容，但可以确定其经营范围为环保文化宣传、咨询服务、策划、承办环保等相关活动，与公益诉讼立法要求的环保组织职能范围较为一致。尤其是金华市绿色生态文化服务中心作为公益诉讼的原告已提起了多起诉讼❷，法院未对其原告资格提出异议，足以说明该中心是从事环境保护的社会组织。针对环保组织跨区域提起环境公益诉讼的问题，现行立法并未予以禁止，环保组织跨区域提起环境诉讼更有利于打破地域壁垒和地方保护主义，整合有效资源保护社会生态环境。例如，金华市绿色生态文化服务中心曾针对山东烟台市、江西萍乡市、河南省洛阳市、湖北省武汉市、广西壮族自治区贵港市等地的环境污染企业提起环境公益诉讼。如果原告金华市绿色生态文化服务中心提出的诉讼请求不具体、不明确，受案法院有义务予以释明，而不应以不符合法定起诉条件为由不予受理。

在收集到的22件涉及电力公司环境公益诉讼的典型案件中，有1件案件原被告以调解方式结案。调解是当事人行使处分权的一种体现，在环境公益诉讼中，原、被告双方可以在法院主持下对案件进行调解，但是相对于普通诉讼而言具有一定的限制性条件。《最高人民法院关于适用〈中华人民共和国民事诉讼法〉的解释》第二百八十七条以及《最高人民法院关

❶ 参见安徽省宣城市中级人民法院（2020）皖18民初234号民事裁定书。

❷ 参见金华市绿色生态文化服务中心与烟台国润铜业有限公司环境污染责任纠纷民事一审民事判决书，山东省烟台市中级人民法院民事判决书（2020）鲁06民初432号；金华市绿色生态文化服务中心与上栗县萍锋纸业有限公司环境污染责任纠纷民事一审民事判决书，江西省萍乡市中级人民法院民事判决书（2021）赣03民初18号；金华市绿色生态文化服务中心与澄江县污水处理厂、澄江博世科环境工程有限公司一审民事判决书，云南省玉溪市中级人民法院民事判决书（2019）云04民初127号等。

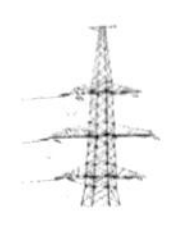

于审理环境民事公益诉讼案件适用法律若干问题的解释》第二十五条对环境公益诉讼的调解进行了规定。一是公益诉讼的当事人享有调解的权利；二是当事人达成的调解协议必须发布不少于30日的公告；三是法院审查调解协议的内容不损害社会公共利益的才能出具调解书；四是调解书应当写明诉讼请求、案件的基本事实和协议内容，并应当公开❶。

例如，在原告北京市朝阳区自然之友环境研究所、支持起诉单位中国政法大学环境资源法研究和服务中心与被告云南华润电力（西双版纳）有限公司、中国电建集团昆明勘测设计研究院有限公司环境民事公益诉讼案件审理过程中，经法院主持调解，双方当事人自愿达成包括为了降低和减少回龙山水电站项目对项目所在地及周边生态环境的影响，由被告云南华润电力（西双版纳）有限公司落实生态流量保障措施、生态流量和水温监测措施、增殖放流措施、过鱼措施、珍稀植物保护措施、水生生态监测和陆生生态监测等措施在内的十项调解协议。2021年3月，在法院主持调解时，特邀西双版纳州生态环境局派员全程参加，其对调解协议内容未提出不同意见。为保障公众知情权及参与权，法院于2021年4月6日至2021年5月5日在人民法院公告网对调解协议进行公告。公告期内未收到任何异议。经审查，上述协议不违反法律规定，未损害社会公共利益，法院制作调解书予以确认❷。

在收集到的22件涉及电力公司环境公益诉讼的典型案件中，有1件被

---

❶ 《最高人民法院关于适用〈中华人民共和国民事诉讼法〉的解释》第二百八十七条：对公益诉讼案件，当事人可以和解，人民法院可以调解。当事人达成和解或者调解协议后，人民法院应当将和解或者调解协议进行公告。公告期间不得少于三十日。公告期满后，人民法院经审查，和解或者调解协议不违反社会公共利益的，应当出具调解书；和解或者调解协议违反社会公共利益的，不予出具调解书，继续对案件进行审理并依法作出裁判。

《最高人民法院关于审理环境民事公益诉讼案件适用法律若干问题的解释》（2020修正）第二十五条：环境民事公益诉讼当事人达成调解协议或者自行达成和解协议后，人民法院应当将协议内容公告，公告期间不少于三十日。公告期满后，人民法院审查认为调解协议或者和解协议的内容不损害社会公共利益的，应当出具调解书。当事人以达成和解协议为由申请撤诉的，不予准许。调解书应当写明诉讼请求、案件的基本事实和协议内容，并应当公开。

❷ 参见云南省玉溪市中级人民法院（2018）云04民初15号民事调解书。

一审法院裁定驳回，二审法院撤销一审裁定并指令重审[1]。在北京市朝阳区自然之友环境研究所（以下简称自然之友研究所）与国网甘肃省电力公司（以下简称甘肃电力）环境民事公益诉讼一案中，一审法院判决认为，“甘肃电力作为电力购销和调配电力供应的电网企业，并非发电企业，其本身并不能具体实施本案所指向的污染环境、破坏生态的行为。自然之友研究所的起诉不符合环境民事公益诉讼起诉的条件，应予驳回。”后二审法院撤销兰州市中级人民法院〔2017〕甘01民初434号民事裁定，并指令甘肃矿区人民法院审理。

[1] 参见甘肃省高级人民法院（2018）甘民终679号民事裁定书。

结　语

《电力法》第五十九条和第六十条[1]明确规定，电力企业因违反合同或者因电力运行事故造成他人损害的，应当依法承担赔偿责任。《民法典》第六百四十八条至第六百五十六条对供用电合同的界定、供电方式、供电质量、供电履行地点、安全供电、中断供电以及给付电费等合同基本内容进行了规定[2]。《民法典》“物权编”第二百九十二条对因铺设电线等相邻

[1] 《电力法》第五十九条：电力企业或者用户违反供用电合同，给对方造成损失的，应当依法承担赔偿责任。电力企业违反本法第二十八条、第二十九条第一款的规定，未保证供电质量或者未事先通知用户中断供电，给用户造成损失的，应当依法承担赔偿责任。

第六十条：因电力运行事故给用户或者第三人造成损害的，电力企业应当依法承担赔偿责任。电力运行事故由下列原因之一造成的，电力企业不承担赔偿责任：（一）不可抗力；（二）用户自身的过错。因用户或者第三人的过错给电力企业或者其他用户造成损害的，该用户或者第三人应当依法承担赔偿责任。

[2] 《民法典》第六百四十八条：供用电合同是供电人向用电人供电，用电人支付电费的合同。向社会公众供电的供电人，不得拒绝用电人合理的订立合同要求。

第六百四十九条：供用电合同的内容一般包括供电的方式、质量、时间，用电容量、地址、性质，计量方式，电价、电费的结算方式，供用电设施的维护责任等条款。

第六百五十条：供用电合同的履行地点，按照当事人约定；当事人没有约定或者约定不明确的，供电设施的产权分界处为履行地点。

第六百五十一条：供电人应当按照国家规定的供电质量标准和约定安全供电。供电人未按照国家规定的供电质量标准和约定安全供电，造成用电人损失的，应当承担赔偿责任。

第六百五十二条：供电人因供电设施计划检修、临时检修、依法限电或者用电人违法用电等原因，需要中断供电时，应当按照国家有关规定事先通知用电人；未事先通知用电人中断供电，造成用电人损失的，应当承担赔偿责任。

第六百五十三条：因自然灾害等原因断电，供电人应当按照国家有关规定及时抢修；未及时抢修，造成用电人损失的，应当承担赔偿责任。

权问题进行了规定❶，“侵权责任编”第一千二百四十条对从事高空、高压等活动产生侵权的责任承担问题进行了明确❷。此外，《电力供应与使用条例》第六章“供用电合同”项下第三十二条至第三十五条❸对供用电合同应当具备的条款内容作出了规定，第三十八条至第四十四条对电力公司的责任承担进行了明确。现行实体法对电力公司从事高压、高空作业等权利义务的规定是较为完善和明确的，但不可避免的是电力公司因合同、侵权等纠纷而不时进入民事诉讼。

在电力民事诉讼中，电力公司因企业性质的特殊性而呈现出与其他普通民事诉讼的不同之处。例如，电力民事诉讼关涉的案由较为集中，主要涉及供用电合同纠纷。又如，在案件审理程序方面，大多数案件经由小额

(接上注)

第六百五十四条：用电人应当按照国家有关规定和当事人的约定及时支付电费。用电人逾期不支付电费的，应当按照约定支付违约金。经催告用电人在合理期限内仍不支付电费和违约金的，供电人可以按照国家规定的程序中止供电。供电人依据前款规定中止供电的，应当事先通知用电人。

第六百五十五条：用电人应当按照国家有关规定和当事人的约定安全、节约和计划用电。用电人未按照国家有关规定和当事人的约定用电，造成供电人损失的，应当承担赔偿责任。

第六百五十六条：供用水、供用气、供用热力合同，参照适用供用电合同的有关规定。

❶ 《民法典》第二百九十二条：不动产权利人因建造、修缮建筑物以及铺设电线、电缆、水管、暖气和燃气管线等必须利用相邻土地、建筑物的，该土地、建筑物的权利人应当提供必要的便利。

❷ 《民法典》第一千二百四十条：从事高空、高压、地下挖掘活动或者使用高速轨道运输工具造成他人损害的，经营者应当承担侵权责任；但是，能够证明损害是因受害人故意或者不可抗力造成的，不承担责任。被侵权人对损害的发生有重大过失的，可以减轻经营者的责任。

❸ 《电力供应与使用条例》第三十二条：供电企业和用户应当在供电前根据用户需要和供电企业的供电能力签订供用电合同。

第三十三条：供用电合同应当具备以下条款：（一）供电方式、供电质量和供电时间；（二）用电容量和用电地址、用电性质；（三）计量方式和电价、电费结算方式；（四）供用电设施维护责任的划分；（五）合同的有效期限；（六）违约责任；（七）双方共同认为应当约定的其他条款。

第三十四条：供电企业应当按照合同约定的数量、质量、时间、方式，合理调度和安全供电。用户应当按照合同约定的数量、条件用电，交付电费和国家规定的其他费用。

第三十五条：供用电合同的变更或者解除，应当依照有关法律、行政法规和本条例的规定办理。

诉讼程序予以解决。再如，在新型民事诉讼类型方面，一些电力公司因超标排放污染物等成为环境污染、生态破坏民事公益诉讼的被告，承担生态修复费等赔偿责任。在民事诉讼进程中，涉诉电力企业不仅需要了解自身的实体权利和义务、诉讼权利和义务，而且也要从诉前、诉中和诉后三个阶段做好准备和应对。

在诉讼开庭前阶段，涉诉企业作为原告应当明确本案的被告和第三人、查找是否遗漏共同诉讼人，按照最高人民法院公布的诉讼文书样式撰写起诉状，提供初步证据材料，并尽可能选择己方所在地法院作为管辖法院，及时缴纳诉讼费用；涉诉企业作为被告的，应当审查是否向受案法院提出管辖权异议，同时根据起诉状的事实理由以及证据材料，拆解起诉状，分析原告证据并收集己方证据形成答辩策略，及时按照法院送达的诉讼文书要求提交相应法律文书。在诉讼开庭审理阶段，应当尽可能一次性提交与诉讼相关联的证据材料以证明事实主张和法律依据，适时运用财产保全、证据保全、申请鉴定、申请法院调查取证、书证提出命令制度等诉讼权利，及时向法院提交民事代理词等材料强调己方的立场和观点。在诉讼开庭后阶段，应当及时跟踪案件审理结果避免因未收到民事判决书而丧失上诉的权利，撰写案件报告、总结经验教训并实现电子归档，对有典型意义的案件做好梳理总结，为企业在后续处理类似诉讼时提供参考。

随着经济发展、社会进步以及法治国家建设，电力企业在实现自身发展的同时，应当积极融入依法治国战略，不断增强法治意识，在诉源治理上下功夫，通过采取有力举措，有效防控诉讼风险；同时，要主动承担社会责任，对所有者、员工、客户、供应商、社区等利益相关者以及自然环境善尽应有的责任，实现企业与经济社会可持续发展的协调统一。当然，这些对电力企业而言并非易事，还有很长的路要走。

参考文献

著作类

[1] 柴发邦，常怡，江伟. 民事诉讼法学新编［M］. 北京：法律出版社，1992：145.

[2] 陈光中. 中华法学大辞典·诉讼法学卷［M］. 北京：中国检察出版社，1995：6.

[3] 陈光中. 刑事诉讼法学［M］. 北京：中国政法大学出版社，2001：204.

[4] 常怡. 比较民事诉讼法［M］. 北京：中国政法大学出版社，2002：680.

[5] 樊崇义，锁正杰，牛学理，等. 刑事证据法原理与适用［M］. 北京：中国人民公安大学出版社，2003：155.

[6] 菲利普·科特勒，南希·李. 企业的社会责任：通过公益事业拓展更多的商业机会［M］. 姜文波，等译，北京：机械工业出版社，2006：2.

[7] 国家电网公司. 国家电网公司 2005 社会责任报告［M］. 北京：中国电力出版社，2006.

[8] 汉斯-约阿希姆·穆泽拉克. 德国民事诉讼法基础教程［M］. 周翠，译. 北京：中国政法大学出版社，2005：299-300.

[9] 姜启波，孙邦清. 诉讼管辖［M］. 北京：人民法院出版社，2008：59.

[10] 刘俊海. 公司的社会责任［M］. 北京：法律出版社，1999. 6-7，9.

[11] 刘连煜. 公司治理与公司社会责任［M］. 北京：中国政法大学出版社，2001：66.

[12] 卢代富. 企业社会责任的经济学与法学分析［M］. 北京：法律出版社，2002：96-98，101-104.

[13] 江伟.《中华人民共和国民事诉讼法》修改建议稿（第三稿）及立法理由［M］.北京：人民法院出版社，2005：33-34.

[14] 李立清，李燕凌.企业社会责任研究［M］.北京：人民出版社，2005：30.

[15]《民事诉讼法学》编写组.民事诉讼法学［M］.2版.北京：高等教育出版社，2018.

[16] 山本敬三.民法讲义Ⅰ［M］.解亘，译.北京：北京大学出版社，2004：180.

[17] 王玲.经济法语境下的企业社会责任研究［M］.北京：中国检察出版社，2008：59-60.

[18] 王晓，任文松.多维法制视角下的企业社会责任［M］.北京：中国社会科学出版社，2012.

[19] 尹田.法国现代合同法：契约自由与社会公正的冲突与平衡［M］.北京：北京大学出版社，2009：196.

[20] 邹明理.论鉴定结论及其属性［G］//何家弘证据学论坛.3卷［M］.北京：中国检察出版社，2001：294.

[21] 张卫平.民事程序法研究.7辑［M］.厦门：厦门大学出版社，2011：177.

[22] 最高人民法院环境资源审判庭.最高人民法院关于环境民事公益诉讼司法解释理解与适用［M］.北京：人民法院出版社，2015：176-181.

[23] 张卫平，齐树洁.日本民事诉讼法典［M］.曹云吉，译.厦门：厦门大学出版社，2017：102，465-468.

[24] 张卫平.民事诉讼法［M］.5版.北京：法律出版社，2019：261.

论文类

[1] 白昌前.小额诉讼程序适用的现实困境及应对：以重庆法院为例［J］.西南政法大学学报，2015（1）：122.

[2] 蔡彦敏.对民事诉讼法律关系若干问题的再思考［J］.政法论坛，2000（2）：12.

[3] 曹成旭.民商事审判中非法证据排除规则之适用：以民间借贷纠纷为研究

视角［J］. 法治社会，2020（3）：123-124.

［4］曹建军. 论书证提出命令的制度扩张与要件重构［J］. 当代法学，2021（1）：120，128.

［5］陈林林，严崴. 公序良俗的法理分析：性质、类型与适用［J］. 南京社会科学，2021（2）：93-100.

［6］蔡睿. 显失公平制度的解释论定位：从显失公平与公序良俗的关系切入［J］. 法学，2021（4）：77-94.

［7］崔文星. 民法典视野下强制性规范和公序良俗条款的适用规则［J］. 法学杂志，2022（2）：120-135.

［8］杜万华.《民事诉讼法》司法解释重点问题解析［J］. 法律适用，2015（4）：5.

［9］丁颖. 网上法庭：电子商务小额纠纷解决的新思路：国外主要实践及中国相关制度构建［J］. 暨南学报：哲学社会科学版，2015（10）：53.

［10］段文波. 我国民事管辖审查程序的反思与修正［J］. 中国法学，2019（4）：188.

［11］段文波. 论民事诉讼被告之"明确"［J］. 比较法研究，2020（5）：164.

［12］梁慧星. 市场经济与公序良俗原则［J］. 中国社会科学院研究生院学报，1993（6）：28-30.

［13］刘芝祥. 人民检察院与民事诉讼法律关系［J］. 政法论坛，1996（5）：91-94.

［14］梁絮雪. 民事诉讼法律关系之解构与重建［J］. 河北法学，2004（4）：144-148.

［15］李浩. 民事诉讼非法证据的排除［J］. 法学研究，2006（3）：39-52.

［16］罗东川，黄建中.《民事案件案由规定》的理解与适用［J］. 人民司法，2008（5）：2.

［17］刘秀明. 对民事诉讼法律关系实质和类型的思考［J］. 广西社会科学，2008（10）：84-88.

［18］龙宗智. 我国检察学研究的现状与前瞻［J］. 国家检察官学院学报，2011（1）：44.

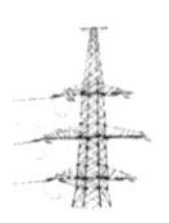

[19] 刘福泉. 民事诉讼法律关系的结构分析 [J]. 求索，2011 (4)：166-168.

[20] 李鑫. 法律视角的我国垄断企业社会责任实证研究与问题分析：基于石油、电力、通讯行业的现状 [J]. 湖北社会科学，2015 (2)：153，154，156.

[21] 陆俊芳，牛佳雯，熊要先. 我国小额诉讼制度运行的困境与出路：以北京市基层法院的审判实践为蓝本 [J]. 法律适用，2016 (3)：115，116.

[22] 孟晓华，曾赛星，张振波，等. 高管团队特征与企业环境责任：基于制造业上市公司的实证研究 [J]. 系统管理学报，2012 (6)：825-834.

[23] 绵阳市中级人民法院小额诉讼调研课题组. 小额诉讼的运行现状及其完善：基于绵阳市小额诉讼的调研 [J]. 西部法学评论，2015 (4)：74.

[24] 欧明生. 试论两大法系民事诉讼模式之分野--以民事诉讼法律关系为视角 [J]. 广西社会科学，2010 (4)：69-74.

[25] 宋平. 民事诉讼法律关系解析与重构--以权力型与权利型为视角 [J]. 山东社会科学，2007 (7)：149-151.

[26] 桑庭晓. 绿色生态视野下电力企业的环境社会责任：基于浙江北仑发电厂的实践探索与分析 [J]. 宁波经济：三江论坛，2010 (10)：35.

[27] 孙佑海，吴兆祥，黄建中. 2011 年修改后的《民事案件案由规定》的理解与适用 [J]. 人民司法：应用，2011 (9)：28-34.

[28] 苏青. 鉴定意见概念之比较与界定 [J]. 法律科学：西北政法大学学报，2016 (1)：157.

[29] 田平安. 民事诉讼法律关系论 [J]. 现代法学，1994 (6)：14-19.

[30] 汤维建. 民事诉讼非法证据排除规则刍议 [J]. 法学，2004 (5)：92-96.

[31] 王福华，张士利. 民事诉讼管辖基本问题研究 [J]. 上海交通大学学报：哲学社会科学版，2005 (5)：21.

[32] 王次宝. 我国民事专属管辖制度之反思与重构：以大陆法系国家和地区的一般规定为参照 [J]. 现代法学，2011 (5)：161.

[33] 王继风. 民事诉讼法律关系再认识 [J]. 人民论坛，2011 (5)：88-89.

[34] 王德新. 小额诉讼的功能定位与程序保障 [J]. 江西社会科学. 2022 (1)：

73，74-76.

[35] 颜君. “明确的被告”与被告主体审查制度构建［J］. 内蒙古大学学报：哲学社会科学版，2016（1）：99.

[36] 于飞. 基本原则与概括条款的区分：我国诚实信用与公序良俗的解释论构造［J］. 中国法学，2021（4）：25-43.

[37] 于涛，刘新星. 小额诉讼程序改革的法理审视与制度完善［J］. 云南民族大学学报：哲学社会科学版，2022（4）：156-157.

[38] 兆丰. 解决小额钱债纠纷的新尝试［J］. 人民司法，1994（10）：43.

[39] 赵琼. 国外企业社会责任理论述评：企业与社会的关系视角［J］. 广东社会科学，2007（4）：172.

[40] 周翠. 民事非法证据排除的规范解释与实务观察［J］. 中国法学，2020（3）：230，223-243.

[41] 郑学林，宋春雨. 新民事证据规定理解与适用若干问题［J］. 法律适用，2020（13）：45，47.

[42] 张宝山. 民诉法修改：助推司法质量效率全方位提升［J］. 中国人大，2022（1）：36-37，43-44.

报纸类

[1] 曹红艳. 坚持经济发展与环境保护相向而行：访中国环境科学研究院院长李海生［N］. 经济日报，2021-6-12.

[2] 邓兴东. 金溪“交通事故速裁法庭”赢得群众好评［N］. 抚州日报，2009-4-20.

[3] 邓旭敏，张旻坤. 江西开设高速路“速裁法庭”手续简化快速便捷［N］. 江南都市报，2010-8-4.

[4] 李阳. 攻坚之年看司改风向标：聚焦中央政法工作会议［N］. 人民法院报，2016-1-23.

[5]《民法典》实施后省内首例！毕节中院公开宣判一起环境污染民事公益诉讼案件［N］. 潇湘晨报，2021-1-4.

[6] 潘强. 取证方法不得违背善良风俗［N］. 人民法院报，2008-4-13.

[7] 齐树洁.小额诉讼：从理念到规则 [N].人民法院报，2012-9-19.

[8] 史纪国，孙聪.高新区交通事故速裁庭成立 [N].南昌日报，2008-12-6.

[9] 王鑫，高云君.五类案件适用民事速裁 [N].四川日报，2005-6-10.

[10] 肖建国.管辖制度与当事人制度的重构 [N].人民法院报，2004-2-11.

[11] 杨燕生.海南高院对 13 类民商案审判实行新规，当事人同意可以速裁 [N].法制日报，2009-5-4.

[12] 张劲，孙健.大连中院开通案件“速裁审理”绿色通道 [N].大连日报，2007-11-20.

[13] 周斌，袁定波.90 家基层法院试点小额速裁 [N].法制日报，2011-4-14.

外文类

[1] ALI W，FRYNAS J G，MAHMOOD Z. Determinants of corporate social responsibility（CSR）disclosure in developed and developing countries：a literature review [J]. Corporate Social Responsibility and Environmental Management，2017，24（4）：273-294.

[2] CED. Social Responsibilities of Business Corporations [M]. New York：Committee for Economic Development，1971：51.

[3] CARROLL，A. B. Business and Societh [M]. Boston：Liattle，Brown and Company，1981.

[4] CAI L，CUI J，JO H. Corporate environmental responsibility and firm risk [J]. Journal of Business Ethics，2016，139（3）：563-594.

[5] FREDERICK，W. C. Corporate Social Responsibility in the Reagan Era and Beyond [J]. California Management Review，1983，25：151.

[6] GRUNING，J. E. A New Measure of Public Opinions on Corporate Social Responsibility [J]. Academy of Management Journal，1979，22：718-764.

[7] JAMES E. POST，WILLIAM C. FREDERICK，ANNE T. Lawrence and James Weber，Business and Society：Corporate Strategy Public Policy [M]. Ethics (Eighth Edition)，Mc Graw-Hill，1996：37.

[8] R. EELLS, C. C. WALTON. Conceptual Foundations of Business [M]. Third Edition, 1974: 260.

[9] TRENDS. Corporate Social Responsibility Precisely Befined At Shell [J]. Nov-Dec., 1975: 18-19.

[10] YUNARI S B, SUHARININGSIH S, SYAFA' AT R, et al. Reconception of mandatory-based corporate social and environmental responsibility in Indonesia [J]. IOP Conference Series: Earth and Environmental Science, 2018, 106: 12098.

[11] YANG Z, LIU W, SUN J, et al. Corporate environmental responsibility and environmental non-governmental organizations in China [J]. Sustainability, 2017, 9 (10): 1756.

[12] ZOU H, XIE X, QI G, et al. The heterogeneous relationship between board social ties and corporate environmental responsibility in an emerging economy [J]. Business Strategy and the Environment, 2019, 28 (1): 40-52.